Hattuşa

ege
YAYINLARI

DEUTSCHES ARCHÄOLOGISCHES INSTITUT
BOĞAZKÖY-EXPEDITION

HATTUSCHA-FÜHRER

EIN TAG IN DER HETHITISCHEN HAUPTSTADT

VON JÜRGEN SEEHER

EGE YAYINLARI

Alte Anatolische Städte: 2

ISBN 975-807-048-7

Graphic Design
Savaş Çekiç

Druck
Graphis Matbaa

Hergestellt in der Türkei von Ege Yayınları
Aslan Yatağı Sokak, Sedef Palas Apt. No.35/2 Cihangir
80060 İstanbul - Türkiye
Tel: (0 212) 249 0520   Fax: (0 212) 249 0520
e.mail: aboratav@tayproject.org

Willkommen in Hattuscha/Boğazköy!

Liebe Besucher,

Sie werden wissen wollen, was Sie hier erwartet:

Hattuscha war von etwa 1650/1600 bis 1200 v. Chr. die Hauptstadt der Hethiter, deren Reich sich über weite Teile Anatoliens und zeitweise bis nach Nordsyrien erstreckte. Die Überreste von Stadtmauern und Toren, Tempeln und Palastbauten, die Sie hier heute besichtigen können, zeigen den Zustand der Stadt zu ihrer Blütezeit im 13. Jahrhundert v. Chr. Das Gelände war aber schon vorher besiedelt, und auch nachher gab es hier ausgedehnte Siedlungen in der "phrygischen", hellenistischen und römisch/byzantinischen Zeit. Von diesen ist im Gelände kaum etwas zu sehen, aber Sie finden in diesem Buch auch dazu Informationen.

Außerdem finden Sie am Ende eine kurze Zusammenfassung der Geschichte der Ausgrabungen sowie eine Buchliste mit Vorschlägen für weitere Lektüre.

In den Museen von Boğazkale und Çorum sind viele Funde aus der Grabung in Hattuscha ausgestellt. Ein Besuch lohnt sich!

Die UNESCO (Organisation für Erziehung, Wissenschaft und Kultur der Vereinten Nationen) führt zwei Verzeichnisse von schützenswerten Kuturdenkmälern, und Hattuscha ist in beiden vertreten.

Im Jahr 1986 wurden die Ruinen der Hethiterhauptstadt als einer von bislang neun Plätzen in der Türkei unter der Nr. 377 in die Liste des Welterbes aufgenommen: "In die Liste des Welterbes werden Kultur- und Naturdenkmäler aufgenommen, deren besondere Werte für die gesamte Menschheit bewahrt werden sollten. Zusammen mit vielen anderen bilden sie ein gemeinsames Erbe, das als einzigartiges Zeugnis einer bleibenden Vergangenheit gehegt werden muß. Ihr Verschwinden wäre ein unwiederbringlicher Verlust für jeden von uns. Und tatsächlich sind die meisten in Gefahr, besonders in den heutigen Zeiten. Der Erhalt dieses gemeinsamen Erbes betrifft uns alle. Daher ist es auch Ziel der Welterbe-Liste, den Schutz dieser Orte durch eine engere Zusammenarbeit zwischen den Nationen gewährleisten."

UNESCO

Im Jahr 2001 wurden die Keilschrifttafelarchive von Hattuscha, rund 30.000 Fragmente, die im Museum für Anatolische Zivilisationen in Ankara und in den Archäologischen Museen in Istanbul aufbewahrt werden, in die Liste "Gedächtnis der Welt" aufgenommen: "Dokumentarische Hinterlassenschaften reflektieren die Vielfalt von Sprachen, Völkern und Kulturen.
Sie sind der Spiegel der Welt und ihr Gedächtnis. Aber dieses Gedächtnis ist fragil. Jeden Tag verschwinden unersetzbare Teile davon für immer. Die UNESCO hat das unter dem Titel 'Gedächtnis der Welt' stehende Programm gestartet, um kollektiver Amnesie vorzubeugen. Sie ruft zum Schutz wertvoller Archivbestände und Bibliothekssammlungen weltweit auf und sorgt so für eine weite Verbreitung."

UNESCO

Im Jahr 1988 ist Boğazköy/Hattuscha von der türkischen Regierung zum historischen Nationalpark erklärt worden.

Abb.1 Hattuscha aus der Luft

Ein Tag in Hattuscha

Auf der Welterbeliste der UNESCO befindet sich die alte Hethiterhauptstadt Hattuscha in der Gesellschaft von so berühmten Städten wie Venedig und Toledo, Jerusalem und Damaskus, Rom und Karthago, Lübeck und Versailles, oder Teotihuacan und Machu Picchu.

Einen Gesamtplan des hethitischen Hattuscha finden Sie im hinteren Buchdeckel (=Hauptplan). Bei der Beschreibung der Stadtanlage werden traditionell zwei Bereiche unterschieden:

Abb.2 Die Unterstadt von Hattuscha

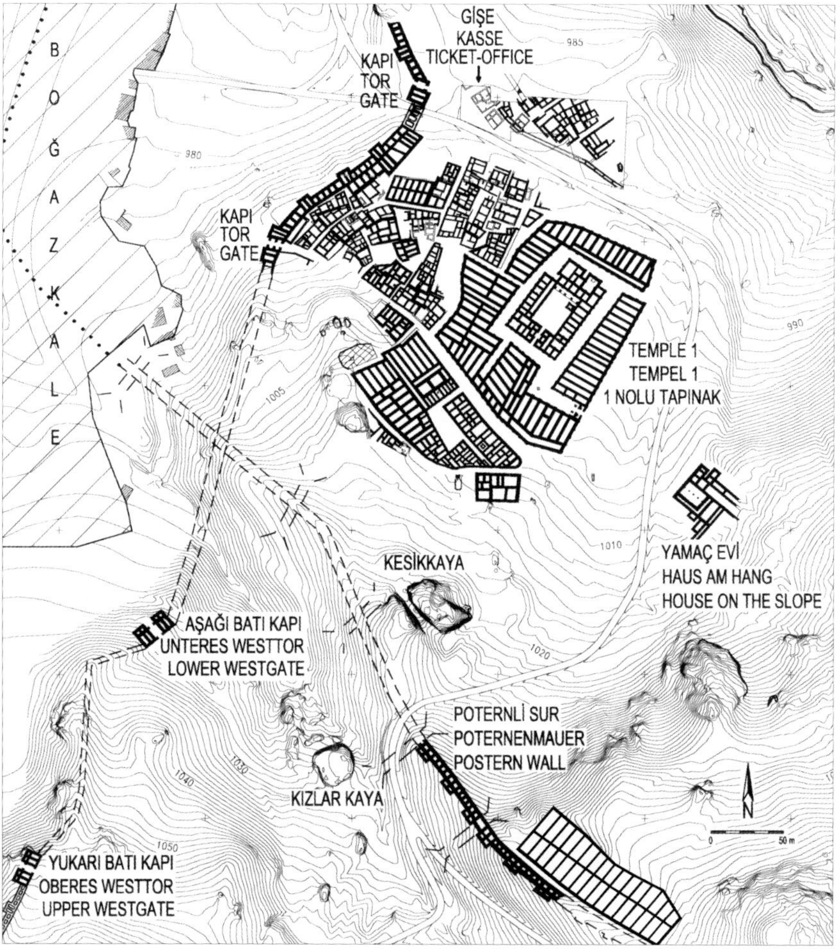

Abb.3 Plan der bisher ausgegrabenen Bauten in der Unterstadt von Hattuscha sowie des Nordzipfels der Oberstadt mit den beiden Westtoren

Mit dem Begriff Unterstadt wird der Bereich der hethitischen Altstadt bezeichnet. Ihr Gebiet beginnt an der nordwestlichen Außenmauer am Rand des heutigen Dorfes; sie reichte nach Südosten den Hang hinauf bis zu dem Büyükkale genannten Plateau, auf dem die hethitische Königsburg lag. Nach Süden bzw. Südwesten wurde sie durch die Poternenmauer begrenzt. Mit Oberstadt ist dagegen der Bereich gemeint, der sich jenseits der Poternenmauer südlich anschließt und bis zum höchsten Punkt bei Yerkapı reicht. Dies ist die Neustadt, die erst in der Großreichszeit mit einer Befestigungsanlage umgeben worden ist.

Abb.4 Bitte klettern Sie nicht auf die Mauern, denn es schadet den Ruinen (U. Schoop)

Die Unterstadt *(Hauptplan: Nr.4)*

Großflächige Ausgrabungen sind hier bisher nur im Bereich der **Inneren Unterstadt** durchgeführt worden (Abb.3). Dieser Teil der Stadt wird heute beherrscht von einer großen künstlichen Terrasse, auf der einst der größte Sakralbau der Stadt, **Tempel 1**, stand. Diese Anlage stammt aus der hethitischen Großreichszeit, dem 14./13. Jahrhundert v. Chr. In dieselbe Zeit gehört auch der größte Teil der **Wohnhäuser**, deren Grundrisse jetzt unterhalb (= nördlich) der Tempelterrasse zu sehen sind.

Die hethitische Wohnbebauung der Unterstadt war kleinteilig und hat sich im Verlauf der rund vier Jahrhunderte währenden Geschichte der Stadt häufig verändert. In den älteren Schichten herrschten noch **Hofhäuser** mit offenem Innenhof vor, aber später kamen **Hallenhäuser** mit überdachter Wohnhalle auf, eine typisch städtische Hausform. Hier wohnten Priester, Beamte, Händler und Handwerker, während die bäuerliche Bevölkerung eher

Abb.5 So sah Charles Texier, der Entdecker von Hattuscha, die Ruinen von Tempel 1 im Jahr 1834; im Hintergrund der Felsrücken von Büyükkaya

Abb.6 Tempel 1 und Unterstadt

außerhalb der Stadt in Dörfern und Weilern in der Umgebung lebte. Die **Hauswände** waren aus luftgetrockneten Lehmziegeln gebaut, teilweise unterstützt von einer Fachwerkkonstruktion aus Holz. Gedeckt waren die Häuser mit **Flachdächern** aus Holzbalken mit einer Lehmauflage. Die Häuser waren mehrräumig, mit Backöfen und Herdstellen, und sogar **Sitzbadewannen** aus Ton gab es hier und da (ein Exemplar ist im Museum Boğazkale zu bewundern). Während **Frischwasser** an kommunalen Zapfstellen zur Verfügung stand, gab es für die **Abwasserentsorgung** auch Hausanschlüsse, die in Kanäle unter den Straßen und Gassen führten.

Die ältesten Siedlungsspuren im Bereich der Inneren Unterstadt gehen aber viel weiter zurück: In der **späten Frühbronzezeit** (Ende 3. – Anfang 2. Jahrtausend v. Chr.) lag hier schon eine Siedlung der Hattier, der anatolischen Ureinwohner. Damals hieß der Ort noch Hattusch. Und auch Baureste aus der Zeit der **Assyrischen Handelskolonie** (19.-18. Jahrhundert v. Chr.), die sich neben der hattischen Siedlung entwickelte, sind hier ausgegraben worden.

Abb.7 Tempel 1

Tempel 1 *(Hauptplan: Nr.5)*

Dieser Tempel, der auch der **Große Tempel** genannt wird, ist mit Maßen von 65 x 42 m das größte Gebäude im Stadtgebiet von Hattuscha. Zusammen mit den großen Magazintrakten, die ihn auf allen Seiten umgeben, bedeckt er eine Fläche von rund 14.500 m^2. Es gibt keine Gründungsinschrift, aber man nimmt an, daß er in der entwickelten Großreichszeit erbaut bzw. begonnen worden ist. Der ganze Komplex steht auf einer bis zu 8 m hoch aufgeschütteten Terrasse, durch die sicher zum Teil auch ältere Bauten der Unterstadt überdeckt worden sind.

Rundgang (die Nummern beziehen sich auf den Plan Abb.8): Auf dem Weg vom Parkplatz zum Tempel passiert man zunächst das **Löwenbecken (1)**. Es war ursprünglich aus einem einzigen Kalksteinblock gearbeitet und rund 5,5 m lang (Abb.10a-b). An

Abb.8 Plan von Tempel 1:
1 Löwenbecken;
2 Haupteingang zum Tempelbereich;
3 Der Grüne Stein;
4 Becken;
5 Tor des Tempels;
6 Innenhof;
7 Altarbau ?;
8 Vorhalle;
9-10 Kulträume;
11 Tempelmagazine mit großen Tongefäßen;
12 Straße zum Südtor;
13 Südareal, "Haus der Arbeitsleistung";
14 Quellgrotte.

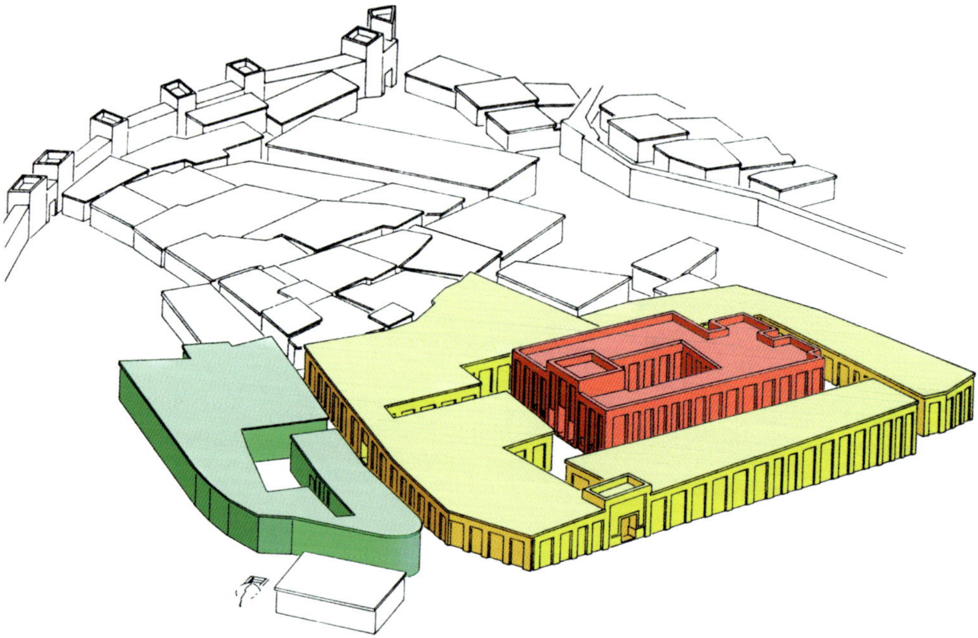

Abb.9 Die drei Komplexe der Tempelanlage in der Rekonstruktion: Der eigentliche Tempelbau (rot), die Tempelmagazine (gelb) und das Südareal bzw. "Haus der Arbeitsleistung" (grün) (nach W. Schirmer)

den typischen Meißelspuren erkennt man, daß es römische oder byzantinische Steinmetze waren, die das Becken später in Blöcke zerlegt und teilweise abtransportiert haben. Die Rekonstruktionszeichnung zeigt an den vier Ecken kauernde Löwen. Ob dieses Monument überhaupt als Wasserbecken gedient hat, oder ob es vielleicht die Basis für ein großes Standbild war, ist ungewiss.

Das **Tor (2)**, durch das man den Tempelbereich betritt, hat drei große Schwellen, und rechts und links erkennt man noch kleine Kammern, die wohl für die Wächter bestimmt waren. An ihnen vorbei gelangt man auf die gepflasterte **Tempelstraße**, die zwischen den Magazintrakten entlangführt und den Zentralbau des Tempels umgibt. In einem Magazinraum auf der linken Seite

Abb.10a Die Jahrtausende sind nicht spurlos am Löwenbecken vorbeigegangen

Abb.10b Das Löwenbecken trug an den vier Ecken kauernde Löwen (Rekonstruktionszeichnung O. Puchstein, 1912)

Abb.11 Grüner Stein in einem Magazinraum von Tempel 1

Der Grüne Stein kommt leider weder aus Ägypten noch als Meteor aus dem Weltraum. Auch ist bisher nicht bewiesen, daß die Berührung Reichtum oder Kindersegen bringt. Er mag einst eine Rolle im religiösen Kult gespielt haben, aber wir wissen nicht welche - in den hethitischen Texten sind zwar öfters heilige Steine erwähnt, aber keiner wird explizit als grün bezeichnet. Jedenfalls handelt es sich um einen Block aus einem Nephrit-artigen Gestein, das in der Gegend von Hattuscha vorkommt. Der Stein muß ursprünglich an einer anderen Stelle gestanden haben, denn wie die Türschwelle unweit davon zeigt, liegt er jetzt unter dem ehemaligen Fußbodenniveau eines Magazinraums. Ein ähnlicher, allerdings kleinerer und nicht so gut bearbeiteter grüner Stein wurde in einem Bau bei Tempel 5 in der Oberstadt gefunden.

steht der **Grüne Stein** (3), um den sich viele Geschichten ranken (Abb.11).

Ein kleines **Wasserbecken** (4) ist aus einem Kalksteinblock herausgemeißelt und könnte für kultische Handlungen gedient haben (Abb.12). Gut zu erkennen sind überall die bis zu 1,5 m Höhe erhaltenen **Wandsockel** aus sauber bearbeiteten Kalksteinblöcken (Abb.13-14). Einzelne Blöcke sind bis zu 5 m lang und wiegen 20 Tonnen und mehr. Die eigentlichen **Wände** sind nicht erhalten geblieben, denn sie bestanden – wie bei allen Gebäuden der hethitischen Stadt – aus einem massiven **Fachwerkaufbau** aus Holzbalken und Lehmziegeln (Abb.15). Darauf war eine Verputzschicht aufgetragen, die teilweise plastisch gegliedert und wohl häufig auch bemalt war. Entsprechende Reste sind von anderen Bauwerken in Hattuscha bekannt. Das **Dach** des Großen Tempels war flach und bestand aus einer

Abb.12 Becken an der Pflasterstraße zum Tempel 1

Abb.13 Tempel 1 mit Pflasterstraße und Magazintrakten

Abb.14 Tempel 1; der große Innenhof war einst ebenfalls mit großen Steinplatten gepflastert

Holzbalkendecke, die mit einer Lehmschicht versiegelt war. Die vielen **Bohrlöcher**, die überall auf den Steinblöcken zu sehen sind (Abb.16), dienten zur Befestigung der Wandbalken mit Dübeln aus Holz und Bronze. Allein in den Steinblöcken des Großen Tempels gibt es viele hundert solcher Dübellöcher, die mit Hohlbohrern hergestellt wurden.

Der Tempelbau: Da Treppenhäuser fehlen, muß der eigentliche Tempelbau eingeschossig gewesen sein – wobei die Geschoßhöhe aber deutlich über derjenigen eines Wohnhauses gelegen haben dürfte. Der **Eingang** (5) zum eigentlichen Tempel liegt in der südwestlichen Schmalseite (Abb.14 und 17). An den großen **Steinschwellen** kann man teilweise in den Ecken noch die Standspur der Türangel und auch die Schleifspuren der schweren **Holztüren** erkennen. Dahinter öffnet sich der 27 x 20 m große

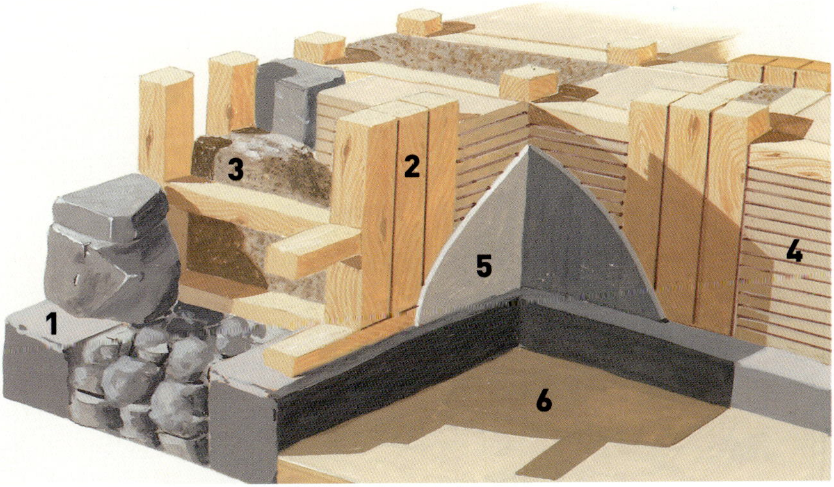

Abb.15 Rekonstruktion der Mauern in Tempel 1: 1. Fundament und Sockelblöcke aus Stein; 2. Holzfachwerk; 3. Füllung aus Erde und Steinen; 4. Lehmziegel; 5. Wandverputz; 6. Bodenbelag aus festgestampftem Lehm mit Kalkestrich. (U. Betin, nach P. Neve)

Abb.16 Sockelmauer mit Bohrlöchern für die Befestigung des Holzfachwerks

Das Prinzip der hethitischen Bohrmaschine: Zunächst wurde über der Bohrstelle ein Holzgestell für die Führung des Bohrers fixiert. In dieses Gestell wurde ein kurzes Rohr aus Bronze so eingesetzt, daß es senkrecht auf der Bohrstelle stand. Dann wurde das Rohr mit Hilfe einer darumgewickelten Schnur in drehende Bewegung gesetzt – zwei Leute zogen die Schnur hin und her, wie beim Sägen. Mit Wasser und Sand als Schleifmittel ließen sich so recht schnell saubere zylindrische Löcher bohren; ein Versuch hat gezeigt, daß bei einem Lochdurchmesser von ca.3,5 cm die Bohrleistung bei 6-8 cm pro Stunde liegt. Der Steinzapfen, der in der Mitte stehen blieb, wurde später einfach herausgeschlagen – in vielen Bohrlöchern erkennt man am Grund noch Reste des Zapfens.

Innenhof (6), und jenseits davon liegt der Bereich der eigentlichen Kulträume. Der Hof war nicht überdacht, aber von hohen Wänden umgeben und einst mit großen Steinplatten gepflastert (in der Ostecke, d.h. der hinteren rechten Ecke noch in Resten erhalten). Er macht heute einen eher tristen Eindruck, aber wie man aus den hethitischen Texten weiß, fand ein Großteil der Kulthandlungen in den Tempelhöfen statt – mit etwas Phantasie kann man sich die Zeremonien und Prozessionen vorstellen: Ein Gedränge von bunten Gewändern, Fahnen und Standarten, und die Luft erfüllt von Gesängen, Musik und Weihrauch. Die Beschreibungen von Kulthandlungen auf den hethitischen Keilschrifttafeln berichten ausführlich über solche Veranstaltungen.

Hat man den Hof überquert, sieht man rechts in der Ecke den Sockel eines kleinen **separaten Bauwerks** (7), das vielleicht als

Abb.17 Der Eingang zum Innenhof von Tempel 1 war rechts und links mit kleinen Kammern für die Wächter versehen

Altar gedient hat. Hier ist nicht Kalkstein, sondern Gabbro verwendet worden, ein hartes schwarzgrünes Tiefengestein. Gabbro wurde auch für die Basen der Pfeiler verwendet, die zu einer **offenen Halle** (8) an der nordwestlichen Schmalseite des Hofes gehören. Durch diesen Portikus gelangte man über mehrere Vorräume in den Bereich des Allerheiligsten, zu dem nur König und Königin als Oberste Priester des Landes sowie einige weitere Tempelpriester Zugang hatten. Da hier **zwei Kulträume** (**9 und 10**) lagen, war dieser Bau als **Doppeltempel** offensichtlich zwei Gottheiten gewidmet. Angesichts der herausragenden Größe des Bauwerks wurden hier wohl die höchsten Gottheiten des Landes verehrt – **der Wettergott von Hatti und die Sonnengöttin von Arinna.**

Abb.18 Kultraum mit Basis für das Standbild der Gottheit

Die Kulträume: Der schwarzgrüne Gabbro-Stein ist auch für die Wandsockel der Kulträume verwendet worden. Die Steinblöcke sind extrem genau aneinander angepaßt und teilweise miteinander verzahnt. Während vom linken, westlichen Kultraum (**Nr.9**) nur noch Fundamentreste erhalten sind, ist die Sockelzone des rechten, östlichen Kultraums (**Nr.10**) noch weitgehend erhalten: Er mißt ca. 8 x 10 m, und an der Rückwand ist ein großer Block zu erkennen, auf dem einst das Standbild der Gottheit gestanden haben wird (Abb.18). Durch große, fast bis zum Boden hinunterreichende Fensteröffnungen rechts und links daneben sowie an den Seitenwänden konnte bei Bedarf viel Licht in den Kultraum fallen (die tief liegenden Fensterbänke sind gut zu erkennen). Meist dürften sie aber wohl mit hölzernen Läden verschlossen gewesen sein, um die Heiligkeit des Ortes zu wahren.

Abb.19 Türschwellen in den Magazinen

Abb.20 Wasserablauf aus dem Hof von Tempel 1

Abb.21 Die Magazinräume an der Nordwestseite von Tempel 1

Die **übrigen Räume des Tempels** dienten vielleicht teilweise anderen Kulthandlungen, aber auch als Aufenthaltsräume für Priester (Sakristei) und Aufbewahrungsort für Kultutensilien. Leider waren sie vollständig leer bei ihrer Entdeckung. Ebenfalls weitgehend leer waren die 82 ebenerdigen **Räume in den großen Magazintrakten**, die den Tempel außen umgeben. Einziges Inventar bildeten riesige, in den Boden eingelassene **Vorratsgefäße aus Ton (11)**, von denen noch einige an Ort und Stelle zu sehen sind (Abb.22). In den langgestreckten Räumen an der Nordwestseite des Tempels fand man die Überreste von Hunderten dieser Gefäße. Sie hatten ein Fassungsvermögen von bis zu 2000 l und dienten zur **Lagerung von Tempelvorräten**, darunter sicher Getreide, Hülsenfrüchte, Öl und Wein. Viele trugen auf der Schulter eingeritzte Zeichen, mit denen anscheinend Angaben zum Inhalt festgehalten wurden. In Magazinräumen auf der

Abb.22 Große Tongefäße in den Magazinen von Tempel 1

entgegengesetzten Seite des Tempels fand man dagegen Tausende von **Keilschriftafeln,** die dort ursprünglich in einem Archiv mit Holzregalen aufgestellt waren.

Die großen monolithen **Türschwellen** markieren die Position der Durchgänge zwischen den Magazinräumen (Abb.19). Die 82 Magazinräume, die man heute rund um den Tempelbau zählen kann, bilden nur teilweise die Untergeschosse. Manche Magazine waren zweigeschossig, an bestimmten Stellen u.U. sogar dreigeschossig, und über Treppenhäuser miteinander verbunden. Daher lassen sich max. rund **200 Magazinräume** in den Trakten rund um den großen Tempel rekonstruieren.

Die vielräumigen Tempelmagazine boten Raum für die Gerätschaften, die man bei Kulthandlungen und Prozessionen benötigte - Geschirr aus Ton und Metall, Tische, Stühle und andere Möbelstücke, Wagen, Musikinstrumente, tragbare Götterbilder und Baldachine, Fahnen, die Gewänder der Priesterschaft und ihrer Helfer und vieles mehr, sowie sicher zeitweise auch Opfertiere.

Daneben muß es diverse "Büros" gegeben haben, denn die Tempel waren ja auch Wirtschaftunternehmen, die nicht ohne Buchführung auskamen. In speziellen Archivräumen wurden die Unterlagen gelagert. Leider hat man wohl viel auf Holztafeln, die mit einer Wachsschicht beschichtet waren, geschrieben - es gab sogar den Beruf des "Holztafelschreibers". Diese Archive sind unwiederbringlich verloren.

Abb.23 Quellgrotte oberhalb des Südareals bei Tempel 1

Straße (12) und Südareal (13): An der Südwestseite der Magazintrakte des Großen Tempels entlang läuft eine gepflasterte Straße, die hinunter zum sog. **Südtor** in der inneren Stadtmauer führt. Eine Kanalisation unter der Straße führte das Schmutzwasser aus diesem Teil der Unterstadt hinaus. Jenseits der Straße wurde im sog. Südareal ein 5300 m^2 umfassender Baukomplex (auch Komplex 1 genannt) ausgegraben. In der durchgehenden Außenmauer gibt es nur einen Eingang, der genau gegenüber einem Seitenportal des Tempelbereichs liegt. Dieser Baukomplex enthielt Magazin- und Kulträume, aber möglicherweise auch Werkstätten. Leider wurde er bei der

Aufgabe der Stadt vollständig ausgeräumt, so daß uns klare Anhaltspunkte zur Interpretation fehlen. Hier fand man ein Keilschrifttafel-fragment, auf dem die Rede von einem E-GISCH-KINTI ist: Ein "Haus der Arbeitsleistung", dem unter anderem Priester, Musikantinnen, Sänger, Ton- und Holztafelschreiber angehörten. Wenn damit dieser Baukomplex gemeint ist, dann lagen hier Arbeits- und vielleicht Wohnplätze für das Kultpersonal des Großen Tempels.

Eine kleine ausgemauerte **Grotte (14)**, in der das Wasser des dahinterliegenden Quellhorizonts gesammelt wurde, liegt oberhalb vom "Haus der Arbeitsleistung" (Abb.23). Der nur unvollständig erhaltene Türsturz (Kopie aus Beton, Original im Museum Boğazkale) war mit einer Bilddarstellung versehen. Eine Stele mit einer Hieroglyphen-Inschrift (heute im Museum Ankara) lag im Füllschutt der Anlage und weist auf einen kultischen Charakter der Quellgrotte hin.

- Ende des Rundgangs im Großen Tempel -

Das Haus am Hang *(Hauptplan: Nr.6)*

Der Berghang, der vom Großen Tempel zur Königsburg von Büyükkale hinaufzieht, gehörte noch zur hethiti-schen Altstadt, die spätestens im 16. Jahrhundert v. Chr. mit einer Befestigungsmauer umgeben worden ist. Hier standen einst diverse terrassenartig angelegte Bauten, teilweise auf und zwischen die Felsen hingesetzt. Ein besonders monumentaler Bau ist das sog. Haus am Hang (Abb.24-25). Es war zweigeschossig und wird angesichts seiner Größe von 32 x 36 m nicht als Privathaus, sondern als **Gebäude mit offizieller Funktion** gedient haben. Darauf deutet auch der 13 x 17 m große **Saal**, der im Bereich des Obergeschoßes rekonstruiert wird. Im Untergeschoß lagen

Abb.24 Haus am Hang; im Hintergrund Büyükkaya

Abb.25 Haus am Hang, Rekonstruktion (U. Betin, nach R. Naumann)

dagegen Wirtschafts- und Depoträume. Hier stieß man während des Ausgrabung auch auf eine umfangreiche **Tontafelsammlung.**

Das Haus am Hang ist gegen Ende des 13. Jahrhunderts v. Chr. abgebrannt und nicht mehr aufgebaut worden. Reste der verbrannten Lehmziegelwände sind im rückwärtigen Teil oben am Hang erhalten geblieben; zum Schutz gegen die Witterungseinflüße sind sie heute mit einem dicken Mauermantel versehen

Kesikkaya *(Hauptplan: Nr.7)*

Südlich vom Großen Tempel liegt rechts der Straße, auf der man Richtung Oberstadt fährt, ein markanter Felsblock (Abb.26). Der große Spalt, der den Block in zwei Teile teilt, ist

Abb.26 Der Felsen von Kesikkaya

natürlichen Ursprungs. Hier vermuteten die ersten Ausgräber ein Königsgrab und räumten den Spalt schon 1911 aus – leider ohne Erfolg. Auf dem Fels stand offensichtlich ein hethitisches Bauwerk, denn auf der Talseite sind stufenförmige Abarbeitungen mit Reihen von Bohrlöchern erhalten. Außerdem haben die Hethiter hier wohl auch einen Teil der Kalksteinblöcke gewonnen, die in der Unterstadt und im Bereich des Großen Tempels als Baumaterial verwendet worden sind. Die von der Straße aus sichtbaren Schnittspuren oben am Fels stammen dagegen von römisch-byzantinischen Steinbrucharbeiten. Danach oder nach dem großen Spalt in der Mitte ist der Felsblock auch benannt worden – Kesikkaya heißt "geschnittener Fels".

Die Poternenmauer *(Hauptplan: Nr.8)*

Kurz hinter Kesikkaya passiert die Straße in einer Linkskurve die **älteste Stadtmauer von Hattuscha**. Sie schützte seit dem 16. Jh. v. Chr. die hethitische Altstadt, auch Unterstadt genannt, an ihrer Süd- und Westseite. Entlang eines Tals führte diese Befestigungslinie bis hinauf zur Königsburg von Büyükkale. Von der Straße aus sieht man vor allem den Erdwall, auf dem die Mauer stand. Sie ist wie fast alle hethitischen Befestigungen als **Kastenmauer** konzipiert – massive Außen- und Innenmauern, die in regelmäßigen Abständen mit Quermauern verbunden sind; die so entstandenen Hohlräume waren mit Erde verfüllt. Die Mauer war insgesamt etwa 8 m breit und in unregelmäßigen Abständen von 12-20 m mit Türmen versehen.

Abb.27 Eingang einer Poterne (= Tunnel) in der Poternenmauer

Abb.28
Eine der Poternen in der Poternenmauer während der Ausgrabung (heute nicht mehr zugänglich)

Acht Tunnel, die sog. **Poternen**, führten einst unter der Mauer hindurch (Abb.27-28). Sie sind in Abständen zwischen 70 und 180 m angelegt und heute alle verschüttet; nur die Eingänge sind noch erkennbar. Sie sind mit **Kragsteingewölben** gebaut und entsprechen dem Tunnel bei Yerkapı in der Oberstadt, der heute noch begehbar ist. Zu ihrer Funktion gibt es nur Vermutungen. Man hielt sie früher für Ausfallpforten, durch die die Krieger unbemerkt in den Rücken von Angreifern gelangen konnten. Daher stammt auch der Name Poterne, abgeleitet von lateinisch posterula = Hintertürchen, Nebentürchen. Es scheint aber doch mehr dahinterzustecken, denn Ausfallpforten würde man wohl eher tarnen und nicht mit weithin sichtbaren Eingängen versehen.

In den Keilschrifttafel-Archiven von Hattuscha fand man auch einen Text von König Hantili, dem dritten König des Alten Reichs im 16. Jahrhundert v. Chr. Er berichtet darin, daß er eine Befestigung gebaut habe in Hattuscha, das "früher in keiner Weise geschützt war". Das ist zwar sicher übertrieben, denn die Stadt wird auch davor schon ein Befestigungssystem gehabt haben, aber vielleicht hat König Hantili eine sehr viel stabilere Stadtmauer errichten lassen. Dazu kann auch die Poternenmauer gehört haben. In späteren Jahrhunderten ist diese Anlage dann um- und ausgebaut worden.

Kızlar Kaya *(Hauptplan: Nr.9)*

In dem Tal vor der Poternenmauer liegt rechts der Straße der Kızlar Kaya (= Mädchenfels, Abb.29). Einer alten Erzählung zufolge gab es an dem Fels ein Bild oder ein Relief, das ein Mädchen zeigte. Zumindest seit dem Anfang des 20. Jahrhunderts

Abb.29 Das kleine Felsplateau von Kızlar Kaya

ist ein solches Bild jedoch nicht mehr zu sehen. Auch an diesem Felsblock waren römisch-byzantinische Steinbrucharbeiter aktiv und haben Blöcke herausgemeißelt. Insgesamt aber wurde er schon in hethitischer Zeit in die jetzige Form gebracht: Ein Plateau mit verschiedenen Einschnitten und bankartigen Vorsprüngen, die ursprünglich in ein Bauwerk integriert gewesen sein können. Auffällig sind auch die herausgemeißelten Steinstümpfe, die an Altäre erinnern.

Unteres und Oberes Westtor

(Hauptplan: Nr.10 und 11)

Diese beiden Stadttore liegen an der Westseite der Stadtbefestigung der Oberstadt (Abb.30-31). Sie sind von je zwei Türmen flankiert und mit zwei parabolisch geformten Tordurchgängen versehen. Große hölzerne Torflügel, deren Angeln in großen Steinpfannen drehten, ließen sich jeweils ins Innere des Bauwerks öffnen. Damit entsprechen sie genau den großen Toren im südlichen Mauerbogen der Oberstadt, dem Löwen- und dem Königstor; allerdings tragen sie keinerlei Reliefschmuck. **Das Untere Westtor** kann man von der Straße aus hinter (= nordwestlich von) Kızlar Kaya erkennen. Es dürfte ziemlich genau an der Stelle liegen, an der schon Jahrhunderte vor dem Bau dieser Befestigung ein Weg aus dem Tal – parallel zur Poternenmauer – heraufkam. **Das Obere Westtor** liegt dagegen versteckt weiter oben, von der Straße aus nicht zu sehen. Es diente als Zugang zu dem Höhenrücken hier im Westen der Neustadt.

Abb.30 Unteres Westtor

Abb.31 Oberes Westtor

RUNDWEG DURCH DIE OBERSTADT

Kurz hinter Kızlar Kaya gabelt sich die Straße. Für den **Rundweg** empfiehlt sich der rechte Weg, der in Serpentinen in die Oberstadt von Hattuscha (Abb.32) führt. Dieses Gebiet westlich und südlich der Poternenmauer ist nach heutiger Erkenntnis erst in der Großreichszeit mit einer etwa 3,3 km langen Stadtmauer umgeben worden. Auf dem Stadtplan ist zu sehen, daß die Asphaltstraße in einigem Abstand unterhalb der westlichen Stadtmauer verläuft. Dieser Bereich, der auch als westliche Oberstadt bezeichnet wird, ist noch kaum archäologisch erforscht.

Abb.32 Die Oberstadt von Hattuscha

Abb.33 Der Felskegel von Sarıkale dominiert den westlichen Teil der Oberstadt

Sarıkale *(Hauptplan: Nr.12)*

Eine optisch beherrschende Rolle im Stadtbild spielt die Felswand von Sarıkale (= gelbe Burg), die sich rund 60 m hoch über das davorliegende Tal erhebt (Abb.33). Diese Felskuppe trug in hethitischer Zeit eine **große Bauanlage** (Abb.34). Mauerreste, in den Fels geschlagene Fundamentbettungen und auch eine Zisterne (mit den Resten eines Kragsteingewölbes) sind erhalten. Erreichbar war diese Anlage nur von der Rückseite (=SO-Seite), wo auch die Reste eines Tors sowie eine Befestigungsmauer mit Bastionen erhalten sind. Es steht außer Zweifel, daß der Bau auf diesem markanten Fels, der zudem ungefähr in der Mitte der Oberstadt liegt, eine besondere Funktion hatte. In hethitischen Texten ist mehrfach die Rede von "**Felsgipfelhäusern**", die mit

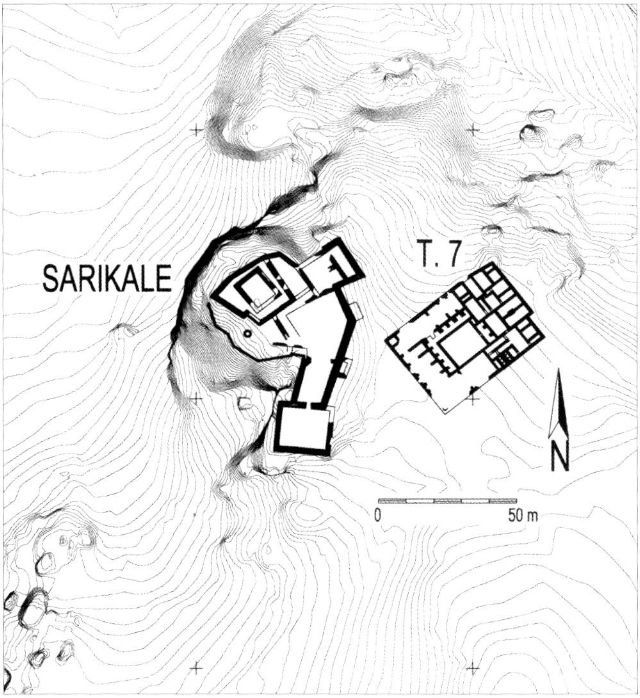

Abb.34 Östlich hinter Sarıkale auf einem Abhang liegt Tempel 7 (13. Jahrhundert v. Chr.)

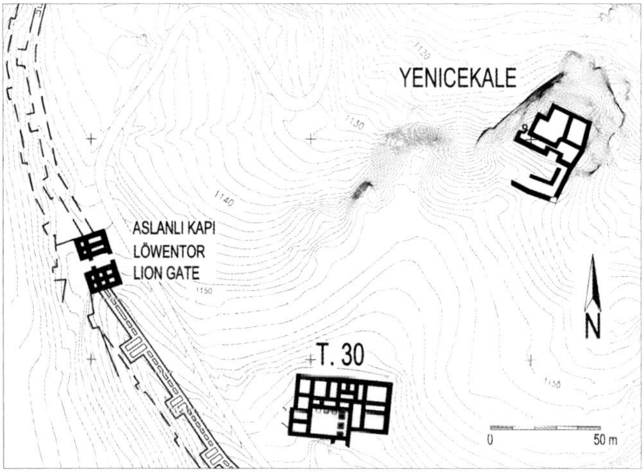

Abb.35 In der Nähe des Löwentors liegt Tempel 30 auf einer Anhöhe und das Bauwerk von Yenicekale auf einem Felskegel

dem Kult, insbesondere dem Totenkult in Verbindung standen. Damit könnten Bauwerke wie auf Sarıkale oder Yenicekale und Nişantaş, die ebenfalls auf separaten Felsblöcken errichtet waren, gemeint sein.

Die hethitischen Reste auf Sarıkale sind durch die Erosion und durch spätere Aktivitäten stark reduziert, denn **in byzantinischer Zeit** wurde diese Anlage erneut benutzt und mit weiteren Befestigungsmauern versehen. Vielleicht war dies der Herrensitz, zu dem eine größere byzantinische Besiedlung gehörte, die auf dem Geländesattel im Südosten von Sarıkale lag.

Das Löwentor *(Nr.13)*

Nach einer letzten Serpentinenkurve führt die Autostraße im Südwesten der Oberstadt direkt an die Befestigungsmauer heran. Hier steht das Löwentor, eines der beiden Haupttore des südlichen Stadtmauerbogens von Hattuscha aus der Großreichszeit (Abb.35–37). Ursprünglich war es sicher auch für den Wagenverkehr eingerichtet; die Stufe auf der Innenseite ist modern.

Wie alle größeren Stadttore bestand auch dieses Tor aus zwei **Türmen** mit rechteckigem Grundriß (jeweils etwa 15x10 m), die die eigentliche **Torkammer** flankierten. Es gab einen inneren und einen äußeren Durchgang, deren Seiten jeweils durch riesige Laibungsblöcke gebildet wurden. Sie waren mit großen **Türflügeln aus Holz**, die außen wohl mit Bronzeblech beschlagen waren, zu verschließen. Die Angeln der Türflügel drehten in **Angelsteinen**, von denen hier an diesem Tor nur noch einer – an der Innenseite des rechten Blocks des äußeren Durchgangs – teilweise erhalten ist. Besser erhalten sind die Angelsteine beim

Abb.36 Löwentor

Abb.37 Die Computerrekonstruktion des Löwentors zeigt, wie massiv und abweisend die großen Stadttore von Hattuscha einst wirkten (H. Schriever)

“Wann morgens sie des Tores kupferne Riegelstangen heben, du deinen Sohn oder Diener zum Öffnen geschickt hast, wenn sich am Tor das Siegel ‘wendet’, so sollen danach ein ‘Herr von Hatti’ oder ein kommandierender Offizier, oder welcher ‘Herr’ sonst eingeteilt ist - gemeinsam das Siegel am Tore überprüfen und entsprechend das Tor öffnen. Die kupfernen Riegelstangen aber sollen sie zurück in Dein Haus tragen und an ihrer Stelle deponieren.” So lautet die Instruktion eines Großkönigs Arnuwanda an den Bürgermeister der Stadt Hattuscha, die auf einer Keilschrifttafel überliefert ist. Mit anderen Worten, die Tore wurden abends geschlossen und versiegelt, und am Morgen mußte vor der Öffnung die Unversehrtheit des Siegels amtlich bestätigt werden.

Königstor. Beide Tordurchgänge waren von innen her verschließbar, und die Türflügel konnten mit **hölzernen Riegelstangen** gesichert werden – in der Seitenwand der Torkammer beim äußeren Durchgang erkennt man noch die Löcher, in die die Riegelbalken geschoben werden konnten.

Seinen Namen trägt das Tor nach den beiden **Löwenskulpturen** (Kopf, Brust und Vorderbeine), die auf der Außenseite aus den Laibungsblöcken herausgemeißelt sind (Abb.38-39). Löwendarstellungen hat man im Vorderen Orient gern als Schutz und Schmuck an Toren angebracht. Auch in Hattuscha taten Löwenskulpturen nicht nur an diesem Tor, sondern auch an verschiedenen Tempeleingängen und an Toren des Königspalastes Dienst. Sie waren immer recht beeindruckend dargestellt mit aufgesperrtem Maul, heraushängender Zunge und drohend aufgerissenen Augen. Die Augäpfel waren ursprünglich eingesetzt

Abb.38 Der Kopf des rechten Torlöwen im Jahr 1907; er ist leider später beschädigt worden

Abb.39 Auch nach rund 3250 Jahren noch ein majestätischer Anblick

Abb.40 Die Blöcke mit den Tatzen der Löwen waren separat gearbeitet

Abb.41 Die Locken der Löwenmähne

und bestanden aus einer weißen Kalkmasse mit schwarzen Pupillen. Die **Computerrekonstruktion** (Abb.37) gibt einen Eindruck von der ehemaligen Gestalt der Außenseite des Tors. Hier erkennt man auch gut die **parabolische Form der Durchgänge**, die bei hethitischen Toren und Eingängen häufig zu finden ist.

Die **Feinheit der Steinbearbeitung** läßt sich am erhaltenen Kopf des rechten Löwen, aber auch an der prächtigen Mähne und den detailliert dargestellten Vordertatzen erkennen (Abb.40-41). Letztere sitzen auf separaten Blöcken, auf denen es daneben gebohrte schalenförmige Vertiefungen gibt. Man hat vermutet, daß in diese Vertiefungen Opfergaben hineingelegt wurden. Leider fehlen uns jedoch dazu konkrete Informationen aus hethitischen Texten.

Der Kopf des **linken Torlöwen**, der deutlich größer war als sein Partner, ist schon im Altertum abgeschlagen worden. Links

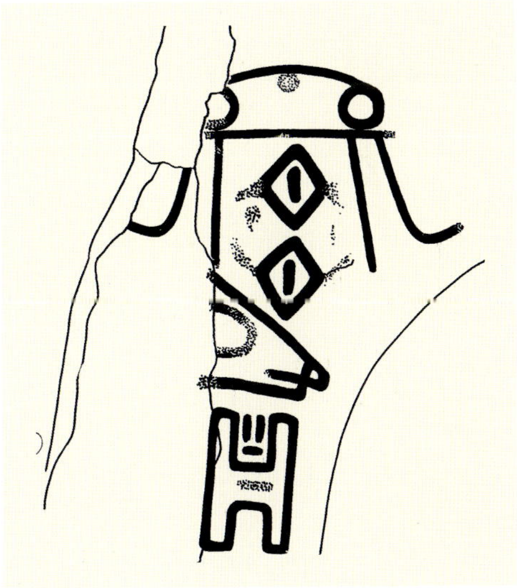

Abb.42-43 Hieroglypheninschrift links oben neben dem Kopf des linken Löwen

Abb.44 Polygonales Mauerwerk an der Außenseite des linken Turms vom Löwentor

oberhalb davon kann man bei günstigem Lichteinfall um die Mittagszeit einige eingemeißelte luwische **Hieroglyphenzeichen** erkennen (Abb.42-43). Sie sind nur teilweise lesbar, aber möglicherweise wird hier der Name des Tors genannt, da zuunterst das Zeichen für "Tor" steht.

Die **Außenfront des linken Turms** ist ein schönes Beispiel für die Kunst der hethitischen Baumeister (Abb.44). Sie ist noch 4,6 m hoch erhalten und zeigt **polygonales Mauerwerk** aus riesigen Kalksteinblöcken. Die Blöcke sind zwar durch Erdbeben etwas verschoben, aber teilweise sitzen sie noch immer so präzise aufeinander, daß kein Blatt Papier dazwischen paßt. Im oberen Bereich sind die Frontseiten der Steinblöcke noch sehr unregelmäßig und ragen teilweise weit aus der Wand heraus – das zeigt, daß zunächst nur die Auflageflächen nach der Form des

Abb.45 Das Löwentor aus der Luft

unter- und nebenliegenden Blocks zurechtgeschlagen wurden. Die Glättung der Außenseite erfolgte dagegen erst, nachdem die ganze Fassade aufgesetzt war. Dieser letzte Schritt ist an dieser Turmfassade nicht mehr beendet worden, aus welchem Grund auch immer.

Der **äußere Aufweg** zum Löwentor (Abb.45) führte als Rampe schräg von Süden an der Festungsmauer herauf. Eine Vormauer mit einem separaten Turm begleitete diese Rampe auf der Talseite. So geriet der Angreifer in eine **Torgasse**, in der er schon von beiden Seiten attackiert wurde, bevor er überhaupt bis zum eigentlichen Tor vordringen konnte. Hier am Löwentor ist die Vormauer nur unzureichend erhalten, aber am Königstor ist diese Befestigungsanordnung rekonstruiert und im Gelände gut zu studieren (Abb.88-89).

Abb.46 Das Bauwerk von Yenicekale in einer idealisierten Zeichnung von Charles Texier, 1839

Abb.47 Yenicekale

Tempel 30, Yenicekale

(Hauptplan: Nr.14 und 15)

Vom Löwentor führt die Asphaltstraße nun direkt neben der Befestigungsmauer hinauf zum höchsten Punkt der Stadt. Auf dem Weg passiert man links neben der Straße den restaurierten Grundriß von **Tempel 30**, der separat hier auf einer kleinen Anhöhe beim Löwentor lag (Abb.35). Der Bau mißt etwa 30x40 m und ist entsprechend dem Bauschema für Tempel mit einem großen Innenhof ausgestattet. Erhalten sind nur noch die Fundamente, da der Bau nach seiner Zerstörung in der späten Großreichszeit als Untergrund und Steinbruch für einige Wohnhäuser und Werkstätten mit Töpferofen gedient hat.

Unterhalb von diesem Tempel, etwa 150 m nordöstlich vom Löwentor gelegen, erkennt man auf einem Felsblock die Bauanlage von **Yenicekale** (Abb.46-47). Hier wurde auf einem natürlichen Felsblock durch Abarbeitung oben und Aufmauern an den Seiten eine künstliche Bauplattform geschaffen. Besonders die noch gut 7 m hoch erhaltene Außenmauer verlangt Respekt vor der Kunst der hethitischen Ingenieure: Einige der Kalksteinblöcke wiegen zwei, drei Tonnen und mehr!

Oben auf dem etwa 25 x 28 m großen Felsplateau sind eine kleine Zisterne sowie Reste von Mauerfundamenten erhalten, die allerdings wenig über die einstige Funktion dieser Anlage aussagen. Im Gegensatz zu Sarıkale ist diese Bauanlage deutlich kleiner, und auch hier stellt sich wieder die Frage, ob dies eines der in den hethitischen Texten genannten "Felsgipfelhäuser" gewesen sein könnte.

Die Südteiche *(Hauptplan: Nr.16)*

Auf dem Weg vom Löwentor hinauf nach Yerkapı sieht man links der Straße einen Geländesporn, der rund 200 m weit nach Norden in das Gebiet der Oberstadt hineinragt. Auf seiner flachen Oberseite waren auf Luftbildern zwei nebeneinanderliegende Senken zu erkennen (Abb.50, links). Sie stammen von großen Wasserbecken, die die Hethiter wahrscheinlich schon im 15. Jahrhundert v. Chr. hier angelegt haben. Die Becken waren schmal, um den Verlust durch Verdunstung gering zu halten, aber bis zu 8 m tief ausgeschachtet. Da der Untergrund aus völlig wasserdichtem Mergel besteht, war keine weitere Abdichtung der Beckenwände nötig. Der Plan und die Computerrekonstruktion (Abb.48-49) zeigen fünf Becken, die hier, fast an der höchsten Stelle der Stadt, platzsparend angelegt worden sind. Man sammelte wohl das Wasser aus dem etwas oberhalb gelegenen Quellhorizont, und vermutlich gab es auch Kanal- und Rohrleitungen aus dem südlich anschliessenden Gelände. Ebenfalls mit Rohrleitungen konnte das Wasser dann gezielt in die tiefergelegenen Bereiche geführt werden – hier wurde ein Teil des Brauchwassers der Stadt gelagert. Dabei stellt sich die Frage, warum man nicht statt der vielen kleinen Becken nur ein oder zwei große Teiche angelegt hat. Die Antwort lautet "Risikobegrenzung": Wie bei den beiden Ostteichen in der Oberstadt (Abb.90-91; Hauptplan Nr.24), hat man auch hier bei den Südteichen die Wassermenge auf mehrere unabhängige Becken verteit; im Falle eines Dammbruchs oder einer Verunreinigung ging so nur ein Teil und nicht gleich der ganze Wasservorrat verloren.

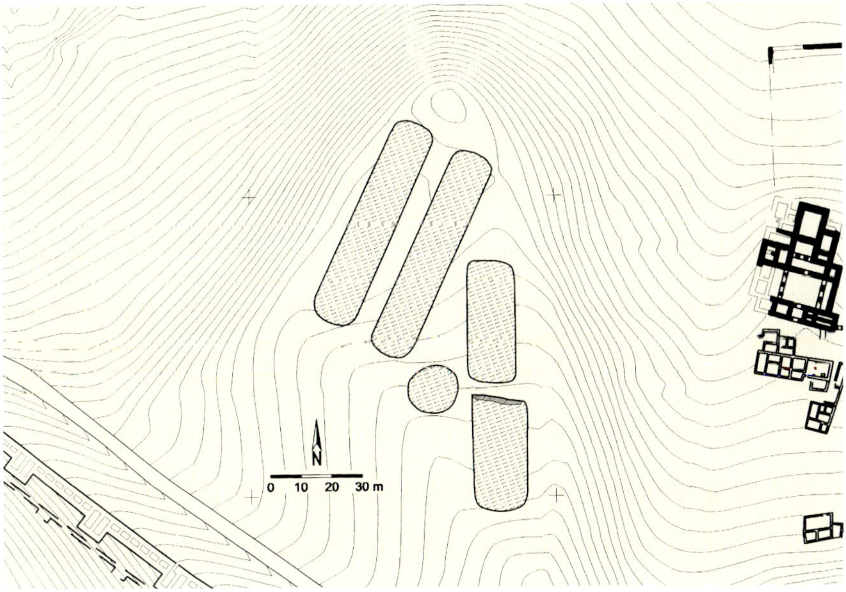

Abb.48 Plan der Südteiche in der Oberstadt

Abb.49 Die Computerrekonstruktion zeigt, wie die Südteiche einst ausgesehen haben mögen

Abb.50 Der Wall von Yerkapı und dahinter die Tempel der Oberstadt aus der Luft

Der Wall von Yerkapı *(Hauptplan: Nr.17)*

Den höchsten und südlichsten Punkt der Stadtanlage bildet der künstliche Wall von Yerkapı (Abb.50-51; 54-55). Die Stadtmauer, die im weiten Bogen vom Löwentor im Westen und vom Königstor im Osten den Berg heraufzieht, läuft oben auf der Wallkrone entlang. Genau in der Mitte ist sie unterbrochen durch das Sphinxtor. Es empfiehlt sich, in einem **Rundgang** zunächst durch den Poternentunnel hinunter auf die Außenseite zu gehen und dort nach links (= Osten) am Fuß des Walls entlangzuspazieren. Über die Treppe auf der Ostseite erklimmt man dann die Wallspitze und gelangt so durch das Sphinxtor wieder in die Stadt hinein und zum Ausgangspunkt zurück.

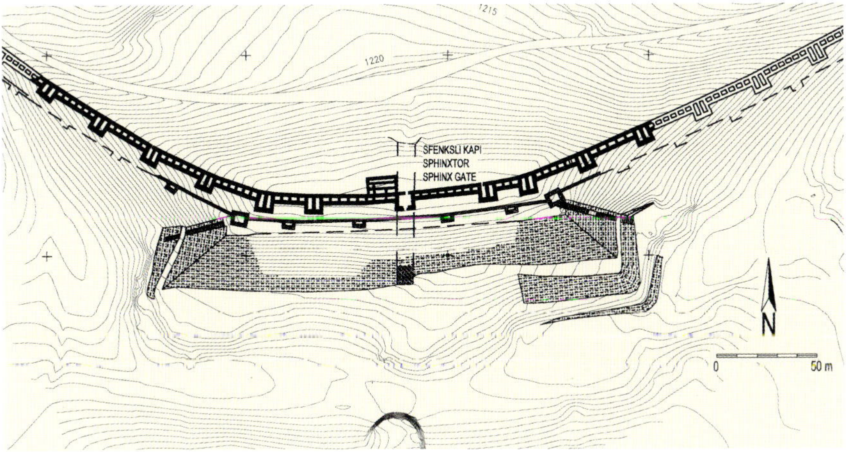

Abb.51 Plan von Yerkapı am Südende der Stadt. In der Mitte liegt das Sphinxtor, und genau darunter verläuft die Poterne (= Tunnel)

Abb.52 Poterne von Yerkapı

Seinen Namen trägt der Wall nach der einzigen **Poterne** von Hattuscha, die heute noch begehbar ist (Yerkapı = Tor im Boden). Dieser Tunnel ist bereits vor der Aufschüttung des Walls konstruiert worden. Die großen Bruchsteinblöcke liegen in **Kragsteintechnik**, d.h. der jeweils oben liegende Stein ragt etwas mehr nach innen als derjenige unter ihm. So wird ein spitzdreieckiges Gewölbe gebildet, in das oben als Schlußsteine große

Abb.53 Tor der Poterne auf der Außenseite von Yerkapı, oben das Sphinxtor

Abb.54 Der Wall von Yerkapı von Südwest gesehen

Abb.55 Der weiß gepflasterte Wall war eine weithin sichtbare Landmarke

Abb.56 Schmale Treppen führten auf den Wall von Yerkapı hinauf

keilförmige Blöcke eingesetzt sind (Abb.52). Diese Konstruktion ist stabil, weil die Steinblöcke recht lang sind und weit nach hinten in den Erdwall hineinragen.

Der Tunnel ist 3-3,3 m hoch und 71 m lang und führt mit deutlichem Gefälle nach außen. Der **Boden** war mit einem **weißen Estrich** versehen, der das wenige einfallende Licht reflektierte und so das Gehen erleichterte. Die beiden **Eingänge** waren ursprünglich mit **zweiflügeligen Türen** zu verschließen. Während der Eingang auf der Stadtseite einigermaßen in die Hangböschung integriert war, ist derjenige auf der Außenseite des Walls als massives Bauwerk ausgeführt (Abb.53). Es ist weithin sichtbar und sicher nicht geeignet als Ausfallpforte, durch die man in den Rücken der angreifenden Feinde gelangen konnte. Dagegen spricht außerdem noch ein weiteres Argument: In hethitischer Zeit wurden als Fernwaffen Bögen verwendet, mit denen man gezielt nicht weiter als 50-60 m schießen konnte. Bogenschützen oben auf der Stadtmauer konnten also eigenen Kriegern, die unten aus der Poterne herauskamen, keinen sicheren Feuerschutz geben.

Der Wall ist auf der **Außenseite** etwa 30 m hoch (bei einer Länge von 250 m und einer Basisbreite von gut 80 m). Die Böschung ist hier – im Gegensatz zur Stadtseite – mit einem sorgfältig ausgeführten **Steinpflaster** versehen (Abb.54 55). Ursprünglich bedeckte es wahrscheinlich die ganze Wallfront, aber später ist es teilweise demontiert worden: Man hat die Steine für den Bau einer Vormauer mit Türmen oben auf dem Wall verwendet und dabei freie Flächen im oberen Bereich des Pflasters hinterlassen. Senkrechte **Rinnen** im Abstand von rund 21 m scheinen zur Ableitung von Regenwasser von der Wallkrone gedient zu haben.

Abb.57 Eine Rekonstruktion der Wallanlage in ihrem Endstadium mit Haupt- und Vormauer (P. Neve)

An beiden Seiten des Wallpflasters befinden sich **steile Treppen**, die auf den Wall hinaufführen (Abb.56). Sie zeigen deutlich, daß der Wall nicht als besondere Verteidigungsanlage diente. Dazu ist er auch mit einem Böschungswinkel von 35 Grad nicht steil genug – geübte Krieger stürmen hier im Laufschritt hoch. Abgesehen davon würde man als Angreifer den Sturm auf die Stadtmauer sicher nicht hier, sondern wenige Meter weiter westlich oder östlich versuchen, denn dort ist der Wall, auf dem die Stadtmauer steht, sehr viel niedriger. Es scheint vielmehr, daß der gepflasterte Wall von Yerkapı vor allem ein **repräsentatives Bauwerk** ist, mit dem Macht und Größe der Stadt, des Staates und/oder der Religion zum Ausdruck gebracht werden sollte. Für die von Süden her kommenden Reisegesellschaften bot der weiß leuchtende Wall mit Stadtmauer und Türmen eine weithin sichtbare Landmarke (Abb.57).

Die Stadtmauer auf dem Wall von Yerkapı

Nachdem man den Aufstieg über die Treppen geschafft hat (insgesamt 102 Stufen auf der Ostseite, 81 Stufen auf der Westseite !), sieht man oben auf dem Wall die **hethitische Befestigungsmauer** aus der Nähe. Wie üblich ist sie als Kastenmauer mit massiven Außen- und Innenmauern, die in regelmäßigen Abständen mit Quermauern verbunden sind, gebaut. Leider ist an keiner Stelle eine hethitische Befestigungsmauer vollständig erhalten, deshalb kann man die einstige Höhe nur vermuten: Die Mauer war im unteren Teil aus Steinen gesetzt, vielleicht 3-4 m hoch; darauf saß ein Aufbau mit Wehrgang und Zinnen aus Holzfachwerk und Lehmziegeln, der ebenfalls 3-4 m hoch gewesen sein mag. Auch die Türme waren aus Lehmziegeln gebaut und natürlich noch um einiges höher. Es gibt zum Glück einige Befestigungsmodelle aus Ton, die am Rand von großen Gefäßen angebracht waren und die uns einen gewissen Eindruck vom Aussehen der hethitischen Stadtmauern geben (Abb. 58). Daher weiß man auch, daß die Stadtmauern und Türme mit **dreieckigen Zinnen** ausgestattet waren.

Abb.58 Von einem hethitischen Gefäß des 15./14. Jahrhunderts v.Chr. stammt dieser Aufsatz, der wie ein Stadtmauerturm gestaltet ist. Man erkennt sogar die Köpfe der Holzbalken, die aus dem Lehmmauerwerk ragen

Ursprünglich gab es nur eine Stadtmauer auf Yerkapı. Später wurde es dann offensichtlich nötig, diese Befestigung durch den Bau einer **Vormauer** zu verstärken. Dabei hat man anscheinend zwei Türme der Hauptmauer abgebrochen, und auch Steinmaterial vom Wallpflaster ist hier verbaut worden. Mit dieser Vormauer sind die beiden Treppenaufgänge an den Seiten des Walls blockiert worden, und dadurch ist wohl auch das Sphinxtor, das in der Stadtmauer in der Mitte des Walls sitzt, außer Funktion geraten. Offensichtlich war der Schutz der Stadt in den Vordergrund getreten, zu einem Zeitpunkt im späten 13. Jahrhundert v. Chr., als das Reich schon auf den Untergang zusteuerte.

Das Sphinxtor *(Hauptplan: Nr.18)*

In der Mitte der Stadtmauer auf dem Wall von Yerkapı liegt das Sphinx-Tor. Im Gegensatz zu den großen Stadttoren wird es nicht von zwei Türmen flankiert, sondern führt durch einen Turm hindurch. Seinen Namen trägt es nach den vier **Sphinx-Darstellungen**, die einst an den Blöcken der Türlaibungen angebracht waren. Sphingen sind Mischwesen mit dem Körper eines Löwen und einem menschlichen Kopf. Die Hethiter dürften die Darstellung dieser Wesen von Ägypten übernommen haben, wo der Sphinx als die Darstellung des Königs galt. Die weichen Gesichtszüge der hethitischen Sphingen sprechen jedoch dafür, daß hier weibliche Wesen dargestellt sind.

Heute ist nur noch die westliche Sphinx an der Außenseite des Tors an der ursprünglichen Stelle (Abb.59). Der Vorderleib mit Kopf und Beinen war plastisch aus dem Laibungsblock herausgearbeitet. Brust und Gesicht fehlen heute, aber ursprünglich war wohl auch eine Haube dargestellt, die

Abb.60 Der äußere Durchgang des Sphinxtors

Wenn Sie zum Sphinxtor kommen, werfen Sie noch einen Blick nach Süden vom Wall herunter: Unten erkennt man noch gut die Senke, aus der ein Großteil der Erde, mit der der Wall aufgeschüttet worden ist, stammt. Dahinter schließt sich ein Wald an, der dem früheren Grabungsleiter Peter Neve zu verdanken ist (Abb.60): Anfang der achtziger Jahre ist dieser Bereich, der nicht viel anders aussah als die kargen Höhenzüge in der Umgebung, mit Zustimmung der türkischen Forstverwaltung eingezäunt worden. Auf diese Weise wurde der Verbiß durch die wandernden Ziegenherden gestoppt, und so konnten sich die überall in der Landschaft vorkommenden Eichenbüsche zu veritablen Bäumen entwickeln. Außer einigen Kiefern unten am Rand der Senke ist hier kein Baum neu gepflanzt worden! Wenn man jetzt über die im Wind rauschenden Baumgipfel blickt, hat man zumindest eine leise Vorstellung davon, wie die Landschaft hier einmal ausgesehen haben muß.

Abb.61 Die innere Seite des Sphinxtors nach der Freilegung 1907

das Gesicht umgab. Besonders bei diesem Kopfschmuck wird das **ägyptische Vorbild** deutlich, denn entsprechend wurde dort das Kopftuch des Pharao bzw. die Haartracht der Himmels- und Liebesgöttin Hathor dargestellt (vergl. Abb.101). Die Enden der Haube bzw. der Haartracht fallen an den Seiten auf die Schulter herab und enden in einem Bogen oder in einer Locke. Auf dem Kopf sind **Rosetten** zu einem baumförmigen Schmuck zusammengestellt.

Der gegenüberliegende Block mit der **zweiten Außensphinx** fehlt. Er ist wohl schon in alter Zeit als Baumaterial zerlegt und abtransportiert worden. Der noch vorhandene Laibungsblock ist diesem Schicksal gerade noch entgangen – die frühen Ausgräber fanden ihn umgestürzt und zerbrochen außen vor dem Tor, und auf der Rückseite erkennt man die eingemeißelten Rinnen, die römisch-byzantinische Steinbrucharbeiter als Vorbereitung zur Spaltung in handliche Blöcke angebracht haben.

An diesem Block erkennt man auch, daß der Tordurchlaß nicht parabolisch geformt war wie bei vielen der Stadttore, sondern rechteckig mit einem horizontalen Türsturz.

Dieser äußere Durchgang des Sphinxtors war mit **zwei Türflügeln** verschließbar. An den Seiten der Schwelle erkennt man noch die Stellen, wo sich die Türangelpfosten gedreht haben.

Der Eingang von der Stadtseite her war dagegen offen, d.h. nicht mit Türen zu verschließen. Er wurde ursprünglich flankiert von **zwei Sphinx-Skulpturen**, die nach innen über das Stadtgebiet blickten. In der Hitze des Feuers, das den Torturm einst zerstört hat, ist der Kalkstein der Skulpturen stark zersprungen (Abb.61). Bei der Ausgrabung 1907 waren die beiden Blöcke mit den Sphingen bereits so stark zerfallen, daß man sie zum Schutz und zur Restaurierung demontieren mußte. Die Sphinx von der westlichen Türlaibung (Abb.62) befindet sich heute im Vorderasiatischen Museum in Istanbul, diejenige von der Ostseite (Abb.63) im Vorderasiatischen Museum in Berlin.

Diese Sphingen sind fast vollplastisch aus den Laibungsblöcken des Tors herausgearbeitet worden: An der Seite erkennt man große **Flügel**, und über dem Hinterleib mit zwei stämmigen Beinen ist ein nach Katzenart hoch erhobener, oben eingerollter **Schwanz** dargestellt. Das weibliche Gesicht war mit eingelegten Augen versehen und eingerahmt von breiten **Haarzöpfen**, die auf der Brust in großen Locken auslaufen. Auf dem Kopf tragen die Sphingen **Helme** mit kurzen Wangenklappen. Als Zeichen der Göttlichkeit sind vorn an den Helmen **Hörner** dargestellt. Die standartenartigen Aufsätze auf den Helmen mit sechs Rosetten sind nach dem Vorbild der Sphinx auf der Außenseite rekonstruiert. Auch die Sphingen des Tors auf dem Nişantaş (Abb.101-102) trugen diesen Schmuck (im Garten des Museums von Boğazkale ist ein Exemplar zu besichtigen).

Zur Funktion des Sphinx-Tors: Das Sphinx-Tor ist kein normales Stadttor, da es von außen nur über die beiden steilen Treppen an den Seiten des Walls zu erreichen war. Die zur Stadtseite hin nicht verschließbare Öffnung mit den beiden vollplastischen Sphingen läßt eher an den Eingang zu einem Heiligtum denken. Die Tür auf der Außenseite wurde vielleicht nur zu besonderen Anlässen geöffnet: Der Wall von Yerkapı könnte an bestimmten Festtagen eine gewaltige Bühne gewesen sein, vor der außen die Zuschauermenge darauf wartete, daß sich oben das Sphinxtor öffnete und z.B. Priester mit dem Kultbild eines Gottes erschienen. Hier gibt es kaum Grenzen für Spekulationen.

Abb.62 Innere Torsphinx von der Westseite

Abb.63 Innere Torsphinx von der Ostseite

Das Tempelviertel der Oberstadt

(Hauptplan: Nr.19)

Von der Höhe des Walls von Yerkapı (knapp 1250 m über NN) geht der Blick weit in das rund 300 m tiefer gelegene Tal, das sich gut zehn Kilometer nach Norden und Nordwesten erstreckt (Abb.64). In diesem fruchtbaren Gebiet lagen einst zahlreiche bäuerliche Ansiedlungen, die für die Versorgung der Hauptstadt notwendig waren und deren Bewohner sich in Zeiten der Gefahr in den Schutz der Stadtmauern zurückziehen konnten.

Die zahlreichen Grundrisse, die in der Senke unterhalb von Yerkapı liegen, stammen zum großen Teil von hethitischen **Tempelbauten** (Abb.65-70). in der Großreichszeit ist dieser Bereich zu einem regelrechten **Kultviertel** ausgebaut worden, nachdem man zuvor die große Stadtmauer im Süden errichtet und so einen entsprechenden Schutz geschaffen hatte. Bislang sind hier

Abb.64 Blick von Yerkapı nach Norden über das Stadtgebiet. Im Hintergrund erkennt man das grüne Band des Budaközü-Baches in der Ebene

24 Tempel lokalisiert worden (Abb.70). Hinzu kommen noch die Tempel 2 und 3 (Hauptplan: Nr.21 und 20), die auf markanten Geländevorsprüngen rechts (= südöstlich) oberhalb des zentralen Tempelviertels liegen, sowie der noch weiter östlich beim Königstor gelegene Tempel 5 (Hauptplan: Nr.22). Ebenfalls abseits liegt im Westen beim Löwentor Tempel 30 (Hauptplan: Nr.14) sowie im Norden auf dem Sattel hinter Sarıkale Tempel 7 (Hauptplan: Nr.26). Es ist jedoch durchaus anzunehmen, daß es hier in der Oberstadt noch weitere Tempel gab. Nicht umsonst sprach man in den hethitischen Texten von den "**tausend Göttern des Hatti-Landes**". Damit kommt die hethitische Tradition zum Ausdruck, auch Götter von fremden Städten und Völkern in den eigenen Kult mit aufzunehmen. Und wenn auch nicht immer gleich ein Tempel gebaut wurde, so gab es doch auch heilige Steine, Bäume, Haine und Quellen, die der Verehrung von Göttern geweiht waren. Auch davon ist viel die Rede in den hethitischen Texten.

Abb.65 Das zentrale Tempelviertel in der Oberstadt aus der Luft

Abb.66 Tempel 20- 22 und 24 an der Ostseite des Tempelviertels

Abb.67 Tempel und byzantinische Kirche am Nordrand des Tempelviertels

Abb.68 Tempel 2

Abb.69 Tempel 3

Die **Maße der Tempel** variieren beträchtlich, zwischen 1200–1500 m^2 bei den größeren und 400–600 m^2 bei den kleineren. Bei einigen Tempeln (Nr.4, 6, 26) erkennt man größere mit einer Mauer eingefriedete Bereiche, die als Temenos (=heiliger Bezirk) gedeutet werden. Die Größe und die Vielzahl der Räume erklärt sich damit, daß die Tempel oft Wirtschaftsbetriebe waren, denen Land und Personal gehörte und die auch für die Verarbeitung und Lagerung von Rohmaterial und Nahrungsmitteln eingerichtet waren. Daneben übten sie möglicherweise auch die Funktion einer Botschaft des Landes aus, dessen Gottheit in diesem Tempel verehrt wurde.

Alle Tempel zeigen eine unterschiedliche Anzahl und Anordnung der Räume. Gemeinsam ist ihnen aber ein **Planschema**, das auch im Großen Tempel in der Unterstadt zu beobachten war: Durch ein Eingangstor gelangt man zunächst in einen offenen Hof, und von dort dann durch eine offene Vorhalle (= Portikus) und einen oder mehrere Vorräume in das Adyton, das Allerheiligste, in dem das Kultbild der Gottheit aufgestellt war. Dieser Raum ist erkennbar an seiner Größe und daran, daß er mit einer Basis für das Standbild ausgestattet ist. Interessanterweise gibt es keine gemeinsame Himmelsrichtung, nach der die Tempel oder zumindest die Kulträume ausgerichtet waren.

Das **Bauprinzip und -material** der Tempel entspricht dem in Hattuscha Üblichen: Erhalten geblieben sind nur die Fundamente und Teile der Sockelzone aus Kalksteinblöcken; die Wände aus Holzfachwerk mit Lehmziegeln und das Flachdach aus Holzbalken mit Lehmauflage sind dagegen nicht erhalten geblieben. Die Wände waren verputzt und zumindest innen teilweise bunt bemalt. Man nimmt an, daß die Tempel in der Regel eingeschossig waren, aber vor allem an den hangabwärts gelegenen Partien sind die Räume oft unterkellert gewesen. Während die

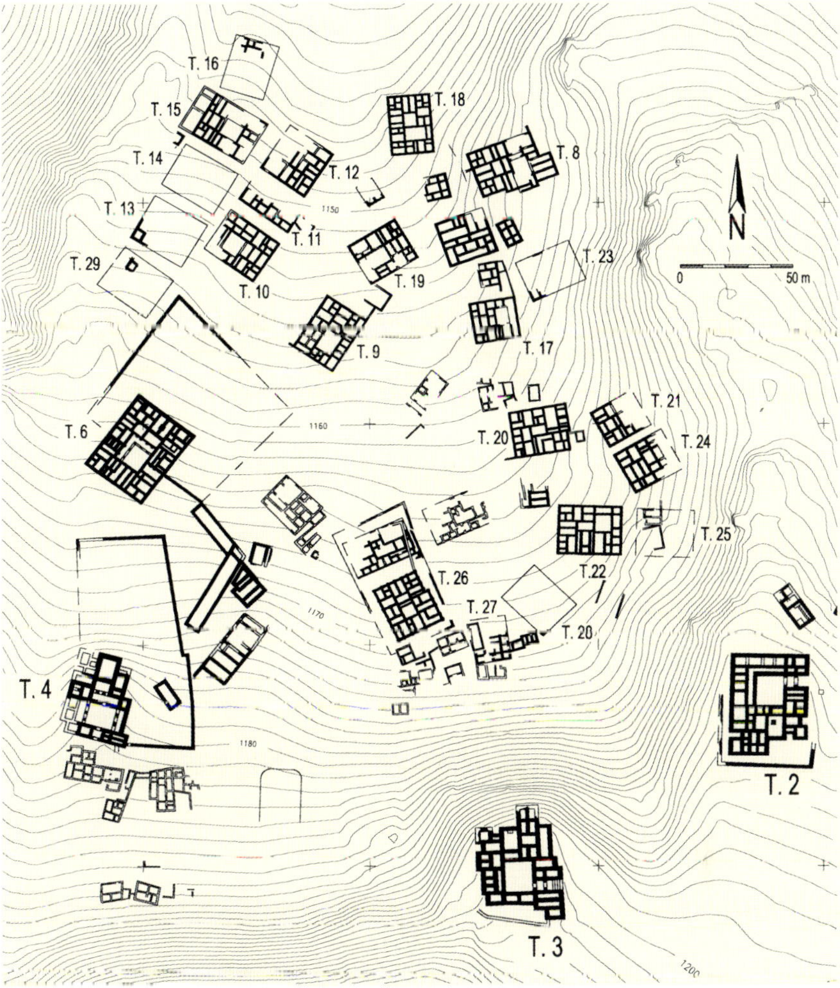

Abb.70 Der Plan des zentralen Tempelviertels mit den Tempeln 2-29 (außer Tempel 5 und 7)

jüngeren Tempel einen geschlossenen, rechteckigen Grundriß zeigen, sind drei ältere Tempel an einer aufwendigeren Bauweise und an einem aufgelockerten Grundriß mit vorspringenden Raumteilen erkennbar: Die auf Geländevorsprüngen südöstlich

Abb.71-73 Die hethitischen Steinmetze scheuten keine Mühe, Blöcke passend zu machen. Verblüffende Ähnlichkeiten mit den Mauern der Inkas lassen sich feststellen

hoch über der Senke gelegenen Tempel 2 und 3 sowie Tempel 4, der auf einem kleinen Buckel unten in der Senke an ihrer Westseite liegt.

Abb.74 Ein Block mit zahlreichen Bohrlöchern

Leider sind in keinem Tempel Hinweise darauf gefunden worden, welcher Gottheit er ursprünglich geweiht war. Die Standbilder der Götter waren aus Metall oder aus Holz, das oft mit Metallblechen beschlagen war, und sind lange verschwunden. Auch sonst ist in den meisten Tempelräumen sehr wenig gefunden worden, da viele schon vor dem Ende der Stadt aufgegeben und vollständig leergeräumt worden sind. Keramikgefäße und Bronzewaffen gehören zu den Weihegaben, die hier einst niedergelegt worden sind.

Abb.75 Ein Kanaldeckel aus Stein mit gebohrten Löchern aus dem Hof von Tempel 2

Gegen Ende des 13. Jahrhunderts v. Chr. ist das **Tempelviertel umfunktioniert** worden. Während bisher hier ausschließlich Tempel errichtet worden waren, entstanden nun normale Wohnhäuser und Werkstätten. Zu diesem Zeitpunkt war das hethitische Reich schon entscheidend geschwächt, und die Bedrohung der Stadt von außen stieg. Offensichtlich haben sich zu diesem Zeitpunkt Teile der Bevölkerung, die bislang vielleicht außerhalb vor den Toren der Stadt gelebt hatte, im Tempelviertel

Abb.76 Tempel 5; im Hintergrund oben rechts das Königstor

in der Oberstadt niedergelassen. Die Überreste von einigen dieser kleinen, unregelmäßigen Bauten erkennt man am Südende der Senke. Die unregelmäßigen Grundrisse im Norden stammen dagegen von **byzantinischen Gehöften.** Dort ist auch eine kleine Kirche aus dieser Zeit erhalten (Hauptplan: Nr.25; Abb.156).

Tempel 5 *(Hauptplan: Nr.22)*

Auf dem Weg von Yerkapı zum Königstor kommt man an den drei größten Tempeln der Oberstadt vorbei. Bei allen sind wesentliche Bereiche der Sockelzone aus großen gut behauenen Kalksteinquadern erhalten. Während Tempel 2 (Abb.68) und 3 (Abb.69) noch zum zentralen Tempelviertel zu rechnen sind, befindet sich Tempel 5 weiter unten beim Königstor an der Ostseite des großen südlichen Stadtmauerbogens von Hattuscha

Abb.77 Blick über Tempel 5 hinweg zur Wallanlage von Yerkapı

(Abb.76-79). Aufgrund seiner Größe und der mächtigen hier verbauten Steinblöcke und Orthostaten haben die ersten Ausgräber Tempel 5 als Palast angesehen. Es zeigte sich dann aber, daß auch bei diesem Bauwerk das **Tempelschema** eingehalten ist: Man betrat das Gebäude durch ein Tor am Ende einer langen Rampe; hier öffnete sich ein Innenhof, an dessen gegenüberliegender Seite sich eine offene Vorhalle (= Portikus) befand (Abb.78); dahinter lagen zwei kleine Räume, durch die man in den eigentlichen Kultraum, erkennbar an seiner Größe und der Basis für das Standbild der Gottheit, gelangte. Auf dem Plan sieht man aber, daß diese Raumfolge auch gegeben ist, wenn man sich im Innenhof nach links wendet: Portikus mit Säulen bzw. Pfeilern, Vorraum und großer Kultraum mit Basis für das Kultbild. Damit ist dies neben dem Großen Tempel 1 in der Unterstadt das zweite Heiligtum, in dem **zwei Gottheiten** verehrt wurden. Eine weitere

Abb.78 Der Innenhof von Tempel 5 (Rekonstruktion K.Krause)

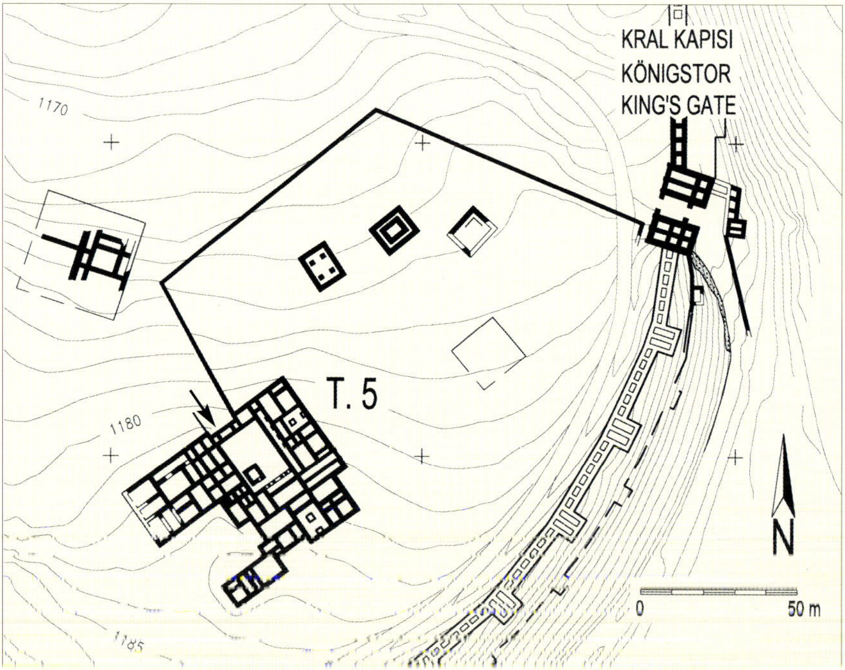

Abb.79 Plan von Tempel 5 und Königstor

Gemeinsamkeit ist neben der Größe – Tempel 5 ist flächenmäßig nur geringfügig kleiner als Tempel 1 – das kleine separate Bauwerk in der rechten Ecke des Innenhofs, das als Altar gedient haben mag. Einen auffälligen Unterschied bilden jedoch die zwei Raumtrakte, die sich an der Westseite aus dem Bau herauslösen. Möglicherweise ist dies auf einen Unterschied im Baudatum zurückzuführen.

Abb.80 Großkönig Tudhaliya auf der Stele aus einem Gebäude bei Tempel 5

Wie bei einigen Tempeln im zentralen Tempelviertel, so ist auch hier eine **Umfassungsmauer** freigelegt worden, die den Tempel und einige weitere Bauten in einem Temenos, einem heiligen Bezirk, zusammenfaßt. Drei kleine einräumige Bauwerke mögen als Kapellen, als Nebenheiligtümer gedient haben. In einem fand sich eine **Stele**, die einen Krieger mit kurzem Rock, Lanze und hörnergeschmückter Mütze zeigt (Abb.80, heute im Museum Boğazkale). Die Hieroglyphenzeichen über der erhobenen Hand besagen, daß hier Großkönig Tuthaliya dargestellt ist. Da die Hörner an der Mütze das Kennzeichen der Göttlichkeit sind, scheint hier ein toter König, der bereits in den Götterhimmel aufgestiegen ist, dargestellt worden zu sein. Leider fällt die Zuordnung schwer, da man bisher drei oder sogar vier Großkönige mit diesem Namen kennt.

Das Königstor *(Hauptplan: Nr.23)*

Dieses Tor im Osten des großen Stadtmauerbogens bildet das Gegenstück zum Löwentor im Westen (Abb.79). Auch hier erkennt man die beiden **Tortürme,** zwischen denen zwei hohe parabolisch geformte Durchgänge liegen. Bei diesem Tor ist der Reliefschmuck jedoch nicht außen, sondern der Stadt zugewandt auf der Innenseite angebracht (Abb.81).

Das Kriegerrelief: Das teilweise mehr als halbplastisch ausgearbeitete Relief zeigt einen bewaffneten Krieger, der 2,25 m von der Helmspitze bis zur Fußsohle mißt (Abb.83-84). Das Original wurde schon 1907 vom Torlaibungsblock abgetrennt und befindet sich heute im Museum für Anatolische Zivilisationen in Ankara. Als einziges Kleidungsstück trägt der Krieger einen

Abb.81 Das Königstor nach seiner Freilegung 1907

Abb.82 Außenseite des Königstors

kurzen, reich verzierten **Wickelrock**. Im breiten **Gürtel** steckt ein **Kurzschwert** mit einem halbmondförmigen Griff. Das Ende der Schwertscheide ist nach oben umgebogen. In der Hand hält er eine prunkvolle **Axt**, deren Schneide nach hinten gebogene Ecken zeigt; hinten ist die Axt mit vier dornartigen Spitzen versehen. Auf dem Kopf trägt er einen spitzen **Helm** mit großen Wangenklappen und einem Nackenschutz. Lange **Haare** hängen hinten auf die Schulter herunter, und darüber läuft ein **Band** von der Helmspitze bis zum Ellbogen. Vorn am Helm ist ein gekrümmtes **Horn** dargestellt, zu dem man sich ein Gegenstück auf der nicht sichtbaren Rückseite des Helms vorstellen muß.

Die **Identität** dieses Kriegers ist ungeklärt. Die Ausgräber sahen in ihm einen König und benannten das Tor entsprechend. Da jedoch die Hörner am Helm göttliche Attribute sind, hält man

Abb.83 Der mit Schwert und Axt bewaffnete Gott vom Königstor

Kurz nach der Auffindung 1907 enstand eine Diskussion über die Frage, ob wohl hier eine Amazone dargestellt sei: Verschiedenen Forschern schien die Darstellung der Brüste und die großen Brustwarzen auf eine Frau hinzuweisen. Nach genauerer Betrachtung legte sich der Streit jedoch wieder – die Brustbehaarung ist so deutlich zu erkennen, daß an dem Geschlecht des Kriegers kein Zweifel bestehen kann.

Abb.86 Die Stadttore wurden früh am Morgen geöffnet

Abb.86-87 An die schweren Holztüren erinnern nur noch die Steinpfannen für die Türangeln und die Riegellöcher in den Wänden der Torkammer

das Relief heute für die **Darstellung eines Gottes**. Möglicherweise ist es Scharrumma, der Sohn des Wettergottes Teschub und der Sonnengöttin Hepat, der Schutzpatron von Großkönig Tudhaliya IV.: Dieser König könnte hier seinem persönlichen Gott ein Denkmal gesetzt haben.

Mit dieser Darstellung kommt noch ein wichtiger Aspekt ins Spiel: Die Frage stellt sich, ob dieses Tor überhaupt ein "normales" Stadttor gewesen ist. Würde man einen Gott hier einfach so am Torpfosten darstellen, quasi zum Anfassen für jedermann? Oder ist dieses Relief im Zusammenhang zu sehen mit der Oberstadt als Kultstadt, die nicht für jeden zugänglich war? Es gibt

Abb.88 Vormauer und Turm am Königstor aus der Luft

Abb.89 Rekonstruktion des Königstors (U. Betin, nach P. Neve)

die Überlegung, daß dieses Tor nur für kultische Prozessionen geöffnet wurde.

Der Torbau: In Größe und Bauschema entspricht das Königstor dem Löwentor sehr genau; es ist nur spiegelbildlich angelegt (Abb.79; 81-82). Auch hier messen die beiden Türme jeweils etwa 10x15 m. Die parabolisch geformten Durchgänge sind an der Basis 3,25 m breit und waren ursprünglich etwa 5 m hoch. Sie konnten einst mit großen **zweiflügeligen Holztüren** verschlossen werden. An den Ecken erkennt man die **Steinpfannen**, in denen sich die **Torangeln** drehten. Auf der äußeren Schwelle sind die **Schleifspuren** des schweren Holztors noch sichtbar. Dieses äußere Tor konnte wie der äußere Durchgang am Löwentor von innen mit **Riegeln** gesichert werden – in den Seitenwänden der Torkammer sind die **Riegellöcher** erhalten (Abb.86-87).

Auf der **Außenseite des Tors** ist die Verteidigungsanlage des Vorplatzes besser erhalten bzw. rekonstruiert, so daß man sich die Zugangsituation hier gut vorstellen kann (Abb.79, 88-89): Der **Aufweg** führte schräg an der Vormauer der Stadtbefestigung herauf zum Vorplatz des Tores. Dort war auf der Außenseite eine **Mauer mit Bastion** errichtet, so daß die Bewacher der Stadt einen angreifenden Feind von zwei Seiten in die Zange nehmen konnten. Ziel war es, die Angreifer möglichst von dem eigentlichen Tor fernzuhalten, denn die Durchgänge waren zwar mit schweren Holztüren verschlossen, aber mit Rammen und vor allem mit Feuer waren sie doch zu öffnen.

Die Ostteiche *(Hauptplan: Nr.24)*

In einer langgestreckten Senke südöstlich der Südburg haben die Hethiter zwei **künstliche Teiche** angelegt (Abb.90, rechts). Die Ausdehnung der Teiche ist durch restaurierte und rekonstruierte Böschungskanten dargestellt (Abb.91): **Teich 1** war rund 60 x 90 m groß; von **Teich 2**, der südöstlich dahinter lag, ist vorerst nur die Nordecke bekannt, aber die Ausdehnung der Geländesenke nach Südosten zeigt, daß dieses Becken nicht viel kleiner gewesen sein kann. Getrennt waren die Becken durch einen **Damm**, der an der Basis 16 m breit war. Weitere Dämme waren an der NO-Seite der Teiche sowie an der NW-Seite von Teich 1 angelegt.

Die **Seitenwände** der Becken waren nicht senkrecht, sondern relativ flach geböscht und mit Kalksteinen gepflastert. An der Hangseite nahe der Straße war das Pflaster von Teich 1 etwa 2 m hoch; an den anderen Seiten muß es noch deutlich höher gewesen sein. Der **Boden** der Teiche war nicht gepflastert, sondern mit einer **wasserdichten Tonschicht** belegt. Der Untergrund besteht aus Serpentin-Fels, der ebenfalls relativ wasserdicht ist.

Schwieriger war es, das Wegsickern des Wassers durch die Steinpflaster der Seitenböschungen zu verhindern. Hier kamen die hethitischen Ingenieure auf die Idee, hinter der Teichböschung tiefe schmale Gräben auszuheben, die dann mit wasserdichtem Ton verfüllt wurden. Auf diese Weise wurde der Verlust reduziert, und noch heute, nach ca. 3250 Jahren, funktioniert das System – im Frühsommer, wenn der Boden an anderen Orten schon völlig trocken ist, ist die Erde im Bereich der ehemaligen Teiche noch sumpfig weich.

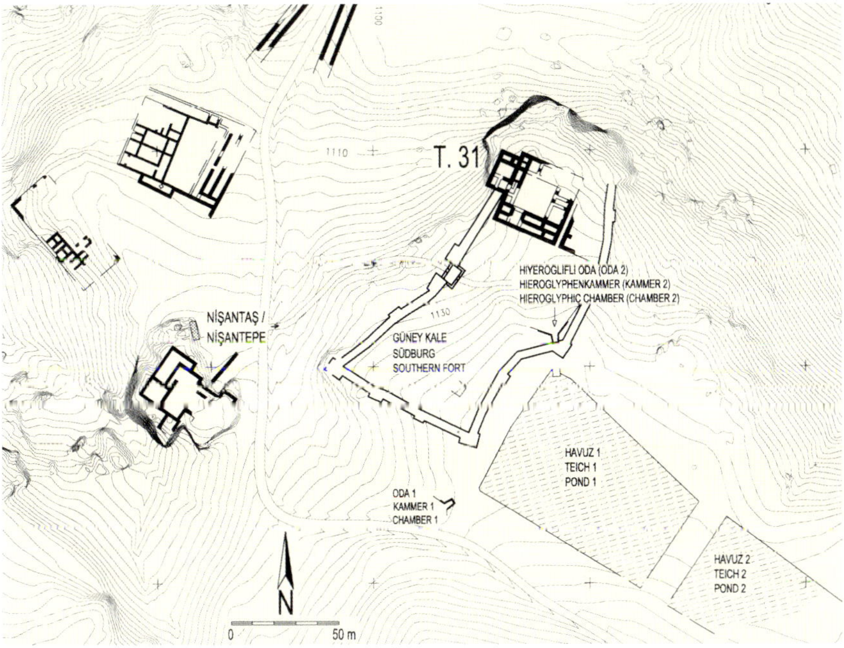

Abb.90 Grabungsbereich in der östlichen Oberstadt mit den Ostteichen, Südburg und Nişantaş

Abb.91 Der nordwestliche Teil von Teich 1 mit der Südburg

Abb.92 Tonröhren von hethitischen Wasserleitungen; Löcher, die mit Steinen verschlossen wurden, dienten zur Reinigung und Reparatur

Die Teiche wurden von mehreren **Quellen** gespeist: Oberhalb an der Straße gibt es eine Quelle, die auch heute noch ganzjährig fließt. Da ihre Leistung sicher nicht ausreichte, leitete man zusätzlich durch Tonröhren (Abb.92) Wasser von Quellen außerhalb des Stadtgebiets heran. In der Stadtmauer gibt es unterhalb vom Königstor einen Durchlaß für diese Leitung.

Kammer 1 *(Hauptplan: Nr.27)*

Die beiden Ostteiche liegen so günstig, daß von ihnen aus ein größerer Teil des Stadtgebiets mit Wasser versorgt werden konnte. Mit ihnen war aber sicher auch ein **Kult** verbunden, wie zwei mächtige Steinkammern hinter der West- und der Nordecke von Teich 1 belegen: Von der Asphaltstraße aus ist Kammer 1 gut zu erkennen (Abb.90, 93). Sie war stark zerstört und konnte nur teilweise rekonstruiert werden. Man erkennt den etwa 4 m tiefen Raum mit dem rund 3 m hohen steilen Gewölbe und den trichterförmig darauf zulaufenden Außenwänden. Diese und Kammer 2 sind die ältesten bekannten Beispiele für Steingewölbebau im Alten Orient.

Abb.93 Kammer 1

Die Kammer stand nicht frei, sondern war in das südwestliche Ende eines Erddamms eingebaut (durch den angeschütteten Erdhügel über der Kammer angedeutet). Dieser Damm verlief parallel zur Kante von Teich 1, und Teile davon sind später in die Befestigungsanlage der eisenzeitlichen Südburg integriert worden (hinter der Kammer erkennbar). Eine identisch gestaltete Steinkammer (–Kammer 2 oder Hieroglyphenkammer) befand sich am anderen Ende des Damms hinter der Nordecke von Teich 1. Sie konnte vollständig rekonstruiert werden und enthält obendrein noch perfekt erhaltene Reliefdarstellungen.

Abb.94 Kammer 2; im Hintergrund der Wall von Yerkapı

Kammer 2, Hieroglyphenkammer

(Hauptplan: Nr.28)

Bei ihrer Auffindung hielt man diese Kammer zunächst für ein Grab, weswegen sie auch heute noch gern als Grabkammer oder Königsgrab bezeichnet wird. Inzwischen ist jedoch klar, daß sie eine Rolle im Kult spielte und möglicherweise als ein symbolischer Eingang in die Unterwelt gedacht war (Abb.94-95).

Nur ein Teil der Kalksteinblöcke der Kammer befand sich bei der Auffindung noch an Ort und Stelle. Die meisten anderen Blöcke fand man jedoch in der Nähe. Sie waren einige Jahrhunderte später als Baumaterial in der Befestigungsmauer der

Abb.95 Kammer 2; das spitze Gewölbe war nicht stabil und wird nicht sehr lange gehalten haben

Abb.96 Sonnengottrelief an der Rückwand von Kammer 2

eisenzeitlichen Südburg, die oberhalb der Kammer verläuft, wiederverwendet worden. So wurde die Rekonstruktion der Kammer zum Riesenpuzzle, denn die Blöcke sind alle Einzelanfertigungen und unterschiedlich geformt, passen also auch nur an eine Stelle. Nur wenige fehlende Blöcke mußten aus gelblichem Sandstein ersetzt werden. Die großen Außenwände, die auf die Kammer zulaufen, sind dagegen auf den originalen Grundmauern vollständig neu gebaut, unter Verwendung alter Blöcke.

Abb.97 Großkönig Schupiluliuma II. als bewaffneter Krieger mit Schwert, Bogen und Lanze an der linken Seitenwand von Kammer 2

Im Inneren zeigt die Kammer verschiedene **Reliefdarstellungen**, die sehr gut erhalten sind, weil sie die Jahrtausende unter einer schützenden Erddecke überdauert haben: An der Rückwand ist mit langem Mantel, Schnabelschuhen und einem gebogenen Stab in der linken Hand ein **Sonnengott** dargestellt, kenntlich an der doppelten Flügelsonne über dem Kopf (Abb.96). Als Lebensspender trägt er das leicht abgewandelte

Abb.98 Inschrift mit luwischen Hieroglyphen von Großkönig Schupiluliuma II. an der rechten Seitenwand von Kammer 2

Abb.99 Die Inschrift von Kammer 2

ägyptische Lebens-Symbol Ankh in der rechten Hand. Das Relief ist merkwürdig flach gestaltet ohne plastische Ausgestaltung der Details, ebenso wie dasjenige des Kriegers vorn an der linken Wand – vielleicht waren Einzelheiten einst mit Farbe angegeben.

Das linke Relief zeigt Schupiluliuma II., den letzten bekannten Großkönig von Hattuscha und Erbauer der Kammer (Abb.97). Er ist als **Krieger** dargestellt im kurzen Rock mit einem Schwert im Gürtel und einer Lanze in der rechten Hand; über der linken Schulter trägt er einen Bogen. An den Füßen erkennt man Schnabelschuhe, und auf dem Kopf trägt er die typische Spitzmütze der Götter, mit drei Hörnern auf der Vorderseite. Davor steht mit luwischen Hieroglyphen Titel und Name geschrieben. Man nimmt an, daß sich der Großkönig hier schon vergöttlicht hat darstellen lassen, obwohl er noch aktiv war, wie die gegenüberliegende Wand zeigt.

Dort ist eine **sechszeilige Inschrift mit luwischen Hieroglyphen** eingemeißelt (Abb.98-99). Luwische Hieroglyphen sind eine in Anatolien entwickelte Bilderschrift, die mit der ägyptischen Hieroglyphenschrift nichts zu tun hat. Die Inschrift beginnt oben rechts. Bei näherem Hinsehen erkennt man, daß manche Zeichen mehrfach auftauchen, aber spiegelbildlich dargestellt sind. Das liegt daran, daß die Hieroglypheninschriften fortlaufend geschrieben wurden; am Ende einer Zeile angekommen, wendet der Text um und läuft in der darunterliegenden Zeile zurück in die andere Richtung. "Bustrophedon" heißt der Fachausdruck für diese Schreibweise, was soviel heißt wie "so, wie der Ochse pflügt".

Der **Inhalt der Inschrift** ist zwar noch nicht vollständig verständlich, aber das Wesentliche ist bekannt: Großkönig Schupiluliuma berichtet, daß er mit der Unterstützung diverser Götter mehrere Länder erobert hat, darunter auch das Land Tarhuntascha, daß er neue Städte gegründet und an verschiedenen Orten den Göttern geopfert hat. Im letzten Satz ist die Rede von einem "göttlichen Erde-Weg". Nach Ansicht des Hieroglyphen-Spezialisten D. Hawkins ist das die **Bau-Inschrift**, mit der die Bestimmung der Kammer angegeben ist: Gemeint ist ein Weg, der in die Erde führt, ein Weg in den Untergrund. Und damit kommt der dahinterliegende Teich ins Spiel, denn Seen und Quellen waren im Altertum Verbindungswege in die Unterwelt (heute würde man es Schnittstelle nennen). Wenn die Interpretation stimmt, könnte die Kammer ein **symbolischer Eingang in die Unterwelt** gewesen sein, der im Kult eine bedeutende Rolle gespielt hat. Bei Kammer 1 fehlt eine entsprechende Inschrift, aber da sie gleich gebaut ist und in Relation zum Teich an gleicher Stelle steht, muß man die beiden Kammern wohl als Einheit sehen.

Südburg, Tempel 31 *(Hauptplan: Nr.29+30)*

Eine der wenigen heute in Hattuscha sichtbaren Anlagen, die nicht hethitisch sind, ist die "phrygische" Südburg, die in der Zeit **nach 700 v. Chr.** errichtet worden ist (Abb.90-91; 100). Sie ist Teil einer größeren eisenzeitlichen Besiedlung, die sich in Teilen der Unterstadt sowie in der östlichen Oberstadt ausdehnte. Auch auf der hethitischen Königsburg von Buyukkale, dem Plateau 100 m nördlich der Südburg, stand eine große eisenzeitliche Burganlage.

Abb.100 Die Südburg, eine Befestigungsanlage aus der mittleren Eisenzeit (7.-6. Jahrhundert v. Chr.). Im Hintergrund die hethitische Königsburg Büyükkale

Die **eisenzeitlichen Befestigungsmauern** hatten einen massiven Sockel aus Bruchsteinen, der hier bei der Südburg rund 4 m dick war. Darauf gab es wohl wie bei den hethitischen Mauern einst einen Aufbau mit Türmen und Zinnen aus Lehmziegeln und Holzfachwerk. Ein einzelnes **Tor,** das von zwei Türmen flankiert war, führte von Nordwesten in die Anlage hinein. Im Inneren befanden sich **Wohnbauten, Werkstätten und Lagergebäude.** Der Weg vom Tor hinauf zur Hieroglyphenkammer führt heute an diversen restaurierten Grundrissen vorbei - auch diese Bauten

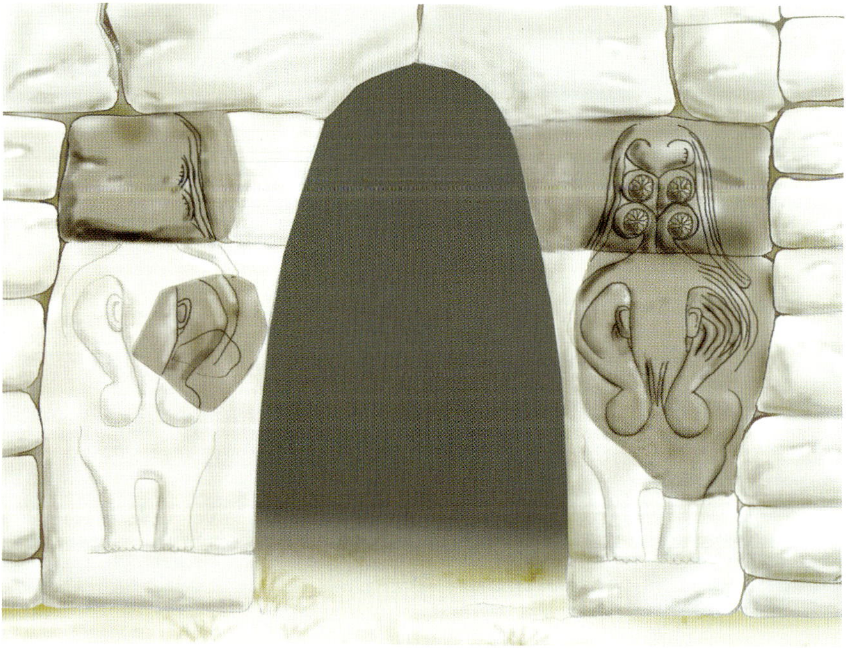

Abb.101 Rekonstruktion des Sphinxtors am Eingang zu dem Baukomplex auf Nişantaş; die erhaltenen Teile sind dunkler schattiert (U. Betin, nach P. Neve)

hatten Lehmziegelwände und mit großer Wahrscheinlichkeit auch Flachdächer, wie die hethitischen Gebäude in Hattuscha.

Die Reste eines hethitischen Großbaus, der als **Tempel 31** bezeichnet wird (Abb.90), wurden in der Nordhälfte der Südburg ausgegraben (links des Wegs vom Tor zur Hieroglyphenkammer). Auf dem Plan erkennt man den großen Innenhof, typisches Kennzeichen aller Tempelanlagen. Vielleicht spielte dieser Tempel eine Rolle bei dem Kult, der mit den Kammern 1 und 2 und den dahinterliegenden Teichen verbunden war.

Abb.102 Rechte Sphinx vom Tor auf Nişantaş

Nişantaş/Nişantepe *(Hauptplan: Nr.31)*

Dies ist neben Sarıkale und Yenicekale ein weiteres Felsmassiv in der Oberstadt von Hattuscha, auf dem ursprünglich ein **großes Gebäude** stand (Abb.90). Oben auf dem Felsen ist der Verlauf der Mauern an einzelnen Steinblöcken und an den in den Fels hineingeschlagenen Fundamentbettungen zu erkennen. Unter den abgestürzten Trümmern unten vor dem Felsen fand man die Blöcke eines **Tors**, das ganz ähnlich wie die Außenseite des Sphinxtors auf Yerkapı mit den Vorderleibern von großen **Sphingen** geschmückt war (Abb.101-102). Man erkennt noch gut die große Haube oder Haartracht, die in Locken auf der Brust endet, sowie den hohen Kopfschmuck mit Rosetten. Die erhaltenen Teile der Sphingen sind heute im Garten des Museums von

Abb.103 Inschrift mit luwischen Hieroglyphen am Nişantaş

Boğazkale aufgestellt. Dieses Tor hatte einen parabolisch geformten Durchgang und stand am oberen Ende einer **Rampe**, die den Zuweg zu dem Baukomplex auf dem Felsen bildete. Leider fehlen uns auch hier, wie bei allen Bauten auf den Felsenkuppen, Hinweise zur ehemaligen Funktion.

Die Inschrift: Seinen Namen trägt dieser Felsen von einer großen Inschrift in **luwischen Hieroglyphen** (Nişantaş = Zeichenstein). Die auf einer geglatteten Schräge am Felsen eingemeißelte Inschrift ist 8,5 m lang und hat elf Zeilen (Abb.103-104). Die Zeichen sahen ursprünglich einmal so aus wie diejenigen in der Hieroglyphenkammer 2, aber da sie immer offen lagen, sind sie stark verwittert. Daher ist der **Inhalt des Texts** bisher auch noch weitgehend unbekannt. Sicher ist nur, daß er wieder

Abb.104 Detail der Inschrift

von Schupiluliuma II., dem letzten bekannten Großkönig von Hattuscha, stammt. In der obersten Zeile, die bei günstigem Sonnenstand nach 13 Uhr am besten zu erkennen ist, liest man von rechts nach links zunächst seinen Namen, und dann den seines Vaters Tudhaliya IV. und den seines Großvaters Hattuschili III. Danach wird erneut Tudhaliya genannt. Vermutlich berichtet der Großkönig von der Einrichtung einer Gedenkstätte für seinen Vater (= die Kammer B des Felsheiligtums von Yazılıkaya) sowie von weiteren Taten, darunter eine Seeschlacht mit nachfolgender Landung auf Zypern. Diese bei den Hethitern Alaschiya genannte Insel war wegen ihres Kupferreichtums im Altertum oft umkämpft.

Im Bereich **nördlich von Nişantaş**, dem direkten Vorfeld der Königsburg von Büyükkale, lagen mehrere **offizielle Gebäude:** Vom "Nordbaukomplex" (Hauptplan: Nr.32) westlich des Asphaltstraße sind die Fundamente rekonstruiert (Abb.105); dahinter am Hang lag der "Westbau", von dem nur noch einige Kellermauern gefunden wurden. In diesen Räumen lagen über dreitausend Tonklumpen, sogenannte Bullen, mit Siegelabdrücken von hethitischen Großkönigen und Beamten. Die Tonbullen erfüllten die Funktion von Plomben, mit denen Schriftstücke und Waren "amtlich" gemacht wurden: Man befestigte Schnüre oder Lederriemen an ihnen, heftete ein Stück Ton darum und drückte ein Siegel hinein (Abb.106). Beim Brand des Gebäudes ging dann später alles verloren – bis auf die Siegelbullen, denn der Ton wurde im Feuer hart gebrannt und ewig haltbar gemacht.

Abb.105 Fundamente des sog. Nordbaus am Nişantaş

Abb.106
Abdruck eine Siegels von Großkönig Tudhaliya IV. auf einer Tonbulle

Abb.107
Die Königsburg
von Büyükkale
aus der Luft

Abb.108 Blick auf Büyükkale von Südwesten

Die Königsburg Büyükkale *(Hauptplan: Nr.33)*

Büyükkale (= Große Burg) ist ein idealer Platz für die Einrichtung eines **Herrschersitzes**. Dieses relativ ebene Hochplateau von rund 250 x 140 m Größe war auf allen Seiten durch steile Hänge und schroffe Felswände geschützt (Abb.107-110). Schon in der Frühen Bronzezeit im späten 3. Jahrtausend v. Chr. wurde hier erstmals gesiedelt, und die Hethiter haben es nach und nach zu einer großen Befestigungsanlage umgebaut. Später, im 1. Jahrtausend v. Chr., haben auch noch die eisenzeitlichen "Phryger" und die Siedler der hellenistischen Zeit von dieser Situation profitiert.

Die heute auf Büyükkale sichtbaren Architekturreste geben im wesentlichen ein Bild von der Anlage, wie sie nach großen Um- und Neubauten im späten 13. Jahrhundert v. Chr. ausgesehen hat.

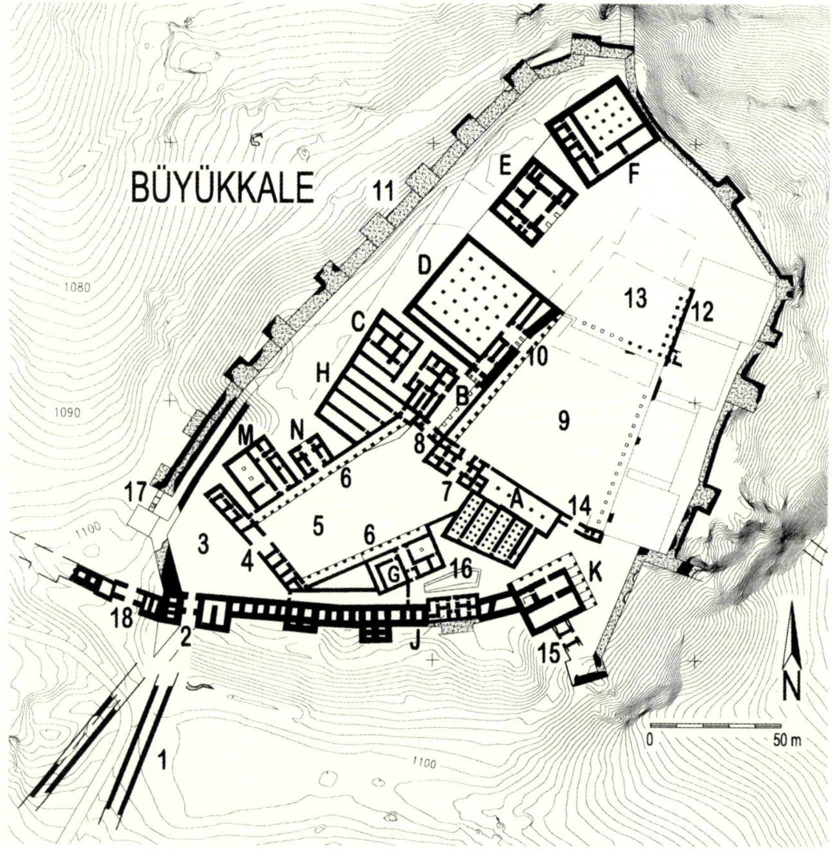

Abb.109 Plan von Büyükkale: 1 Viadukt; 2 Südtor; 3 Burgtorhof; 4 Eingang zum Unteren Burghof; 5 Unterer Burghof; 6 Pfeilerhallen; 7 Torbau, Eingang zum Mittleren Burghof; 8 Seitentor; 9 Mittlerer Burghof; 10 Eingang zur "Audienzhalle" in Bau D; 11 nordwestliche Burgmauer; 12 Felsstufe mit Speichergruben (oder Zisternen ?); 13 Oberer Burghof; 14 kleines Tor zum Oberen Burghof; 15 Osttor; 16 Wasserbecken; 17 Südwesttor; 18 Tor in der Poternenmauer. A-N: Bauwerke (s. Text).

Rundgang (die Nummern beziehen sich auf den Plan Abb.109): Die Treppe, über die man heute hinaufsteigt, ist modern; ursprünglich führte ein großer **Viadukt (1)** von Süden her auf das Burgtor zu. Seine rekonstruierten Seitenmauern sind am Fuß der Treppe östlich neben der Asphaltstraße zu sehen (westlich neben der Straße liegen die Mauerreste eines älteren Viadukts). Die Steinmauern bildeten den Unterbau für einen hohen Aufbau aus Lehmziegeln, auf dem der Weg verlief. Als Belag diente vielleicht eine Balkendecke, über die auch Pferdewagen fahren konnten.

Vom Haupttor der Königsburg, dem **Südtor (2)**, ist nur die Ostseite erhalten (Abb.111). Es ist wieder ein Tor mit zwei Durchgängen; der äußere davon war ursprünglich mit Löwenreliefs ähnlich wie am Löwentor geschmückt. Durch dieses Tor gelangte man zunächst in den sog. **Burgtorhof** (3). In dessen Mitte verlief ein **Pflasterweg aus roten Steinplatten**, der den Besucher zum Portal des Unteren Burghofes führte (4). Der Vergleich mit dem sprichwörtlichen roten Teppich, der heutzutage bei Feiern den Weg von wichtigen Menschen markiert, ist durchaus angebracht.

Der langgestreckte **Untere Burghof** (5) ist der zweite in einer Reihe von vier Höfen unterschiedlicher Größe. Wie auf dem Plan zu erkennen ist, war der Hof von langen **Pfeilerhallen bzw. Kolonnaden** (6) gesäumt (der Plan zeigt viele Details, die heute im Gelände nicht mehr sichtbar sind, da zum Schutz manches wieder mit einer Erdschicht bedeckt worden ist). Um den Hof herum waren verschiedene Gebäude (M, N, H, G und A) gruppiert (Abb.112). Man nimmt an, daß hier **Residenzen** von hochgestellten **Palastbeamten** und auch die Unterkunft für die **Palastwache**,

Abb.110 Rekonstruktion der Burganlage von Büyükkale (U.Betin, nach P.Neve)

Abb.111 Rekonstruktion des Südtors von Büyükkale mit dem Viadukt (P.Neve)

Abb.112 Büyükkale, Blick über den Unteren Burghof

die "Goldlanzenträger", lagen. Am anderen Ende des Unteren Burghofs stand ein **Torbau** (7), durch den man in den Mittleren Burghof gelangte. Ursprünglich war der Bau, dessen Wände heute noch hoch aufragen, mit einem Treppenaufgang versehen; auch hier flankierten Portallöwen den Durchgang. Dieses Tor bildete auch optisch eine Trennung zwischen innerem und äußerem Palastbereich. Der dahinter gelegene **Mittlere Burghof** (9) war ebenfalls mit Kolonnaden gesäumt.

Der heutige Fußweg führt jedoch an der linken Seite des Unteren Burghofs und an den **Bauten M, N und H** entlang. Durch das zweite **Tor** (8) des Unteren Burghofs gelangt man in den **Kernbereich des Palastes.** Rechts hinter dem Tor ist eine der **Kanalleitungen** zu sehen, mit denen Regen- und Schmutzwasser

Abb.113 Rekonstruktion von Bau C (U.Betin, nach P.Neve)

von der Burg abgeleitet wurde. Links liegen **Bau B und C**, die als palastinterne **Kultanlage** (die "Burgkapelle") interpretiert werden. In der Mitte von Bau C befindet sich ein 5,2 x 6 m großes und mindestens 2,3 m tiefes **Wasserbecken**, in dem man eine Reihe von Votivgefäßen aus Ton fand. Die Wände sind aus besonders großen Kalksteinblöcken gesetzt, und an der Nordecke führte ein Kanal ins Freie. Möglicherweise lag dieses Becken unter freiem Himmel, während nur die umgebenden Räume überdacht waren (Abb.113).

An diesen Komplex schließt sich das größte Gebäude auf Büyükkale an – **Bau D**, der im Obergeschoß wohl die **Audienzhalle** der hethitischen Könige enthielt. Heute sieht man

Abb.114 Rekonstruktion der "Audienzhalle" in Bau D (U.Betin, nach R.Naumann)

Abb.115 Rekonstruktion von Bau E (U.Betin, nach R.Naumann)

hier nur noch das 39 x 48 m große Untergeschoß. Die fünf Längsmauern dürften als Unterbau für fünf Reihen von Pfeilern im Geschoß darüber gedient haben. So entstand dort ein quadratischer Raum mit 32 m Seitenlänge, dessen Decke von 25

Abb.116 Verbrannte Lehmziegelwände von Bau E (heute mit Schutzmauern ummantelt)

Holzpfeilern getragen wurde (Abb.114). Über ein **Portal (10)** war die Halle vom Mittleren Burghof her zu betreten.

Am Ende dieser Bauzeile an der Nordwestseite von Büyükkale standen **Bau E** und **Bau F.** Hier lagen vermutlich die **Privatgemächer der Könige** – abgeschirmt tief hinten im inneren Burgbereich, mit einer phantastischen Aussicht über die Stadt und über das anschließende Tal nach Norden. Auch die Aussicht in die Schlucht hinunter ist faszinierend – wenn Sie Glück haben, können Sie hier von oben (!) einen Geier oder sogar einen Adler im Flug beobachten. In Bau E (Abb.115) und am Hang davor ist 1906 ein großes **Tontafelarchiv** ausgegraben worden.

In der **Feuersbrunst**, die die Palastanlagen am Ende des 13. Jahrhunderts v. Chr. vernichtet hat, sind die Lehmziegelwände der Gebäude teilweise hart gebrannt worden. Hier an Bau E

Abb.117 Ostseite von Büyükkale, in der Mitte links erkennt man hethitische Befestigungsmauern auf dem Ostplateau

waren sie besonders gut erhalten (Abb.116). Um sie vor der Verwitterung zu schützen, sind die Reste heute mit Schutzmauern ummantelt. Diese runden Mauerstümpfe haben also nichts mit dem ehemaligen Aussehen des Gebäudes zu tun.

Eine stattliche **Befestigungsmauer (11)** an der Nordwestseite trennte die Königsburg von der Stadt. Sie lief auch auf der Ostseite an dem sehr steilen Hang oberhalb der Schlucht weiter (Abb.117). Hier kann man überall noch Reste erkennen. Oft sind jedoch nur noch die in den Fels geschlagenen Bettungen erhalten, in denen die großen Mauerblöcke lagen. Viele von ihnen waren mit **Dübeln** befestigt, wie die Löcher im Fels anzeigen.

Im Ostteil des Plateaus von Büyükkale kommt überall der Fels an die Oberfläche. Hier steht eine 24,5 m lange und bis zu 2,2 m

Abb.118 Felsstufe am oberen Burghof auf Büyükkale; am Horizont der Wall von Yerkapı

Abb.119 Rekonstruktion des Wasserbeckens mit Bau G und J auf Büyükkale, Blick von Nordost (P.Neve, überarbeitet von U.Betin)

Abb.120 Wasserbecken (rechts), Bau G (links) und Bau A (Hintergrund) auf Büyükkale

Eine wichtige Rolle in der Erforschung der hethitischen Geschichte haben die Tontafelarchive gespielt, die auf Büyükkale in Bau A, E und K gefunden worden sind. Hier lagerten in Holzregalen Hunderte von Tafeln, auf denen in Keilschrift Verträge und Staatskorrespondenz, aber auch Orakeltexte, Kultanweisungen, Traditionsliteratur, Urteilssammlungen und historische Texte festgehalten waren. Sie haben den Brand der Palastanlagen weitgehend unbeschadet überstanden, während die Holztafelarchive vollständig verloren gegangen sind.

hohe künstliche **Felsstufe (12)**, die die SO-Seite des **Oberen Burghofs (13)** bildet (Abb.118). Im Boden davor markieren quadratische Eintiefungen in regelmäßigen Abständen die **Standplätze von Pfeilern** einer Kolonnade. Oben auf der Stufe gibt es zwei tief in den Felsen gehauene **Gruben, vermutlich Getreidespeicher (oder Zisternen ?)**. Auf dieser Felsstufe müssen weitere Gebäude gestanden haben, die aber nur ansatzweise zu rekonstruieren sind.

Der Rückweg von der Spitze des Burgbergs führt auf der Ostseite des **Mittleren Burghofs (9)** entlang. Heute liegt er großenteils unter den Ruinen der "phrygischen" Burgbebauung des 7.-6. Jahrhunderts v. Chr. begraben (vergl. Abb.154). Man verläßt den Burghof an einer Stelle, an der einmal ein **kleines Tor (14)** in der südwestlichen Hofmauer saß. Von hier aus führte ein Weg hinunter zu einem zweiten Burgtor, dem **Osttor (15)**, am Hang unterhalb von Büyükkale. Dieser Bereich ist heute durch die Erosion sehr zerstört.

Abb.121 Tor in der Poternenmauer am Südwestende von Büyükkale

Zwischen **Bau K und Bau A**, die beide umfangreiche **Tontafelarchive** enthielten, gelangt man auf einen kleinen Platz, der größtenteils von einem 24 m langen **Wasserbecken (16)** eingenommen wird (Abb.119-120). Seine Wände waren geböscht und mit einem Pflaster aus Kalksteinen belegt. Auch dieses Becken kann eine Rolle bei Kulthandlungen gespielt haben, denn man fand wieder zahlreiche kleine Votivgefäße aus Ton im Schlamm des Beckenbodens. Es kann aber auch durchaus noch eine profane Funktion gehabt haben, z.B. als Löschteich für den Fall eines Brandes auf der Königsburg.

Damit ist der Rundgang über die Königsburg abgeschlossen. Falls Sie sich gewundert haben, daß beide Tore zur Königsburg an der stadtabgewandten Südseite lagen: Es gab wohl noch ein kleines drittes Tor, das **Südwesttor (17)**, das westlich tief unterhalb des Burgtorhofes lag und das man über einen Weg vor den Bauten M, N H und C entlang erreichte. Dieses Tor führte in die Unterstadt hinab und hat sicher für die Versorgung der Burg mit Gütern etc. gedient. Ob es allerdings ausschließlich als Lieferanteneingang genutzt wurde, scheint fraglich, denn auch für König und Hofstaat war dies der direkte Weg in die Stadt. Sehr wichtig für seine Lage war sicher auch die **Quelle**, die hier am Fuß des Burghügels entspringt und von der man die Trinkwasserkrüge auf kürzestem Wege nach oben schaffen konnte – es gab keine andere Quelle auf Buyükkale. Diese Quelle ist später in der "phrygischen" Eisenzeit neu gefaßt worden. Eine lange Treppe wurde von hier hinauf in die neue Burg gebaut, und sowohl das hethitischen Tor als auch der Aufweg sind darunter verborgen bzw. dadurch zerstört worden.

Schließlich ist noch das **Tor in der Poternenmauer (18)** zu erwähnen, das man am Fuß von Büyükkale erkennt (Abb.121). Es bildete den Südausgang der Altstadt von Hattuscha.

Abb.122 Die Schlucht des Büyükkaya-Baches; links Büyükkaya, rechts Ambarlıkaya, im Hintergrund Büyükkale

Schlucht und Brücke *(Hauptplan: Nr.35)*

Das Tal des Büyükkaya-Baches, das als tiefe Schlucht auf der Ostseite der Königsburg von Büyükkale vorbeiläuft, durchschneidet im Norden auch das Gebiet der Unterstadt (Abb.122). Aus Sicherheitsgründen haben die Hethiter auch den Felsrücken von Büyükkaya jenseits der Schlucht in das System der Stadtbefestigung mit einbezogen. Die Stadtmauer läuft von der Königsburg nordwärts in die Schlucht hinunter und überquert sie an der engsten Stelle bei dem Fels von **Ambarlıkaya**, um dann auf der anderen Seite den Felsabhang bis zu Spitze von Büyükkaya hinaufzuklettern. Hier sind noch die Bettungen, die man für die großen Mauerblöcke in den Fels geschlagen hat, und auch die zugehörigen Dübellöcher zu sehen. R. Naumann hat an dieser

Stelle eine **hethitische Brücke** rekonstruiert, die in 15 m Höhe das Bachbett überquerte. P. Neve wies aber darauf hin, daß die hier auf beiden Seiten in den Fels geschlagenen Treppenstufen in byzantinischer Technik gemeißelt sind. In hethitischer Zeit gab es hier wohl nur auf beiden Seiten **Befestigungsbastionen**, zwischen denen eine behelfsmäßige Brücke – vielleicht sogar eine Hängebrücke ? – gespannt gewesen sein kann. Zum ständigen Verkehr diente sie sicher nicht, sondern eher als Übergang für Wachmannschaften. Viel wichtiger war die Absperrung des darunterliegenden Bachbetts in der Schlucht, damit der Feind nicht auf diesem Weg in die Stadt gelangen konnte. Ein fester Verschluß kam wegen der Hochwässer im Frühjahr nicht in Frage. Hier werden einst stabile Gatter angebracht gewesen sein, die besonders bewacht wurden.

Büyükkaya *(Hauptplan: Nr.37)*

Von der Unterstadt her gesehen macht Büyükkaya (= großer Fels) einen ganz besonderen Eindruck – eine schroffe Felswand, die sich rund 100 m über den Talboden erhebt (Abb.24). Dort oben auf der Spitze lag bereits rund 4000 Jahre vor der Ankunft der Hethiter eine kleine Siedlung, und auch die frühbronzezeitlichen Hattier saßen dort. Später nutzten die Hethiter den Platz zur Errichtung eines monumentalen Gebäudes, von dem allerdings nur noch Fundamentreste erhalten sind.

Seinen eigentlichen Charakter zeigt Büyükkaya aber erst bei der Betrachtung der "Rückseite". Auf dem Weg von oder nach Yazılıkaya und Yozgat sieht man, daß Büyükkaya eigentlich ein **langer Höhenrücken** ist, der mit **Befestigungsmauern** umgeben ist (Abb.123).

Abb.123 Büyükkaya von Norden

Ursprünglich, d.h. etwa im 16. Jahrhundert v. Chr., gab es nur die Mauer auf der Südostseite, die aus der Schlucht vom Bachübergang bei Ambarlıkaya heraufkam. Im Norden führte sie an der Spitze des Büyükkaya-Rückens hinunter und setzte sich fort in der **Nordstadtmauer** (Hauptplan: Nr.38), die im weiten Bogen zur Äußeren Unterstadt zurückführte und dort ihrerseits in die Poternenmauer überging. Später errichtete man oben auf der Nordseite von Büyükkaya eine weitere Befestigungsmauer, die bei **Mihraplıkaya** (Hauptplan: Nr.36) auf die Abschnittsmauer der Unterstadt trifft. Damit wurde dieser Bergrücken zur besonders geschützten Zitadelle. Aus dem Tal kann man die Bauart der Befestigung mit Kastenmauern und Türmen gut erkennen, da die Fundamente schräg am Hang liegen.

Dies ist der Bauzustand des 13. Jahrhunderts v. Chr., als Büyükkaya die Funktion eines riesigen **Getreidelagers** hatte: Die Vorräte der Stadt und des Landes wurden in großen rechteckigen Erdgruben mit gepflasterten Böden aufbewahrt (Abb.124). Die größte dieser Gruben –elf sind bislang bekannt, aber es gab sicher noch mehr– war 12x18 m groß und sicher über 2 m tief. Das allein entspricht einer Lagerkapazität von mindestens 260 Tonnen Getreide. Die Silos auf Büyükkaya sind aus konservatorischen Gründen wieder verfüllt worden und nicht mehr zugänglich.

Abb.124 Gepflasterte Böden der Getreidesilos auf Büyükkaya

Nach dem Einfüllen des Getreides wurden diese Silos oben mit einer dicken Erdschicht versiegelt. Derart unter Luftabschluß, verbraucht das Getreide durch Atmung den restlichen Sauerstoff und produziert nebenher Kohlendioxid. In dieser Atmosphäre können Schädlinge nicht überleben – Mäuse und Ratten ebensowenig wie Kornläuse und -käfer oder Schimmelpilze und Hefen. So entsteht eine perfekte Konserve, die jahrelang halten kann. Das Prinzip dieser Art der Vorratslagerung wird noch heute vielerorts in Ländern der Dritten Welt, und auch an manchen Orten in der Türkei angewendet.

Abb.125
Rekonstruktion der Getreidesilos auf Büyükkaya (U.Betin)

Das hethitische Felsheiligtum von Yazılıkaya

Auch die **Entdeckungsgeschichte** von Yazılıkaya beginnt mit Charles Texier, der 1834 als erster europäischer Reisender nach Hattuscha kam (Abb.126). Danach haben die Reliefs von Yazılıkaya die Phantasie vieler Forscher beflügelt. Verschiedene Reisende des 19. Jahrhunderts haben hier Zeichnungen angefertigt und auch kleinere Grabungen durchgeführt. Schon recht früh kam hier übrigens auch das neue Medium der Photographie zum Einsatz: Bereits 1861 fertigte Jules Delbet Aufnahmen von einigen der Reliefs an. Keiner konnte jedoch mit den zahlreichen Figuren etwas anfangen, da die Hethiter ja noch kaum bekannt waren. So hielt man die Reliefs, mit denen offensichtlich das Treffen von zwei Gruppen wiedergegeben war, wahlweise für die Darstellung einer Begegnung von Amazonen und Paphlagoniern, von Medern und Lydern oder von Herakles und Astarte mit ihren Gefolgschaften. Erst viel später stellte es sich heraus, daß hier Gottheiten des 13. Jahrhunderts v. Chr. dargestellt sind.

Das **Felsheiligtum von Yazılıkaya** liegt rund 1,5 km nordöstlich des Großen Tempels in der Unterstadt. Man erreicht es, indem man vom Dorf Boğazkale die Straße nach Yozgat nimmt. Yazılıkaya (= beschriebener Fels) liegt versteckt zwischen Felskuppen am Fuß des Höhenzuges im Osten von Hattuscha (Straßenabzweig ausgeschildert). Im Gegensatz zu den Tempelbauten im Stadtgebiet lagen bei diesem Heiligtum die beiden Kulträume (Kammer A und B) unter freiem Himmel, eingerahmt von bis zu 12 m hohen Felsklippen. Spätestens seit dem 15. Jahrhundert v. Chr. war der Ort in Benutzung, aber erst im 13. Jahrhundert v. Chr. haben hethitische Künstler lange Reihen von Göttern und Göttinnen in diese Felsen gemeißelt. Wahrscheinlich handelt es sich hierbei um das "**Neujahrsfesthaus**", das Haus des Wettergottes, in dem sich zum Neujahrs- und Frühlingsfest alle Götter vereinigten.

Rundgang: Das eigentliche Felsheiligtum wurde nach außen durch einen größeren **Baukomplex** abgeschirmt. Nur noch die Mauersockel sind erhalten, aber wie die Rekonstruktionszeichnung zeigt, gab es auch hier die typischen Lehmziegelwände mit Holzfachwerk und flachen Dächern (Abb.127). Heute führt der Weg außen an diesen Bauten vorbei; ursprünglich betrat man jedoch das **Heiligtum** von der Talseite her durch einen **Torbau mit Treppe** (Abb.128). Über eine zweite Treppe gelangte man in einen **Hof**, der von verschiedenen Räumlichkeiten umgeben war. Wahrscheinlich fanden hier Reinigungen und die ersten Kulthandlungen statt – ein Altar im Hof deutet dies an. Durch einen weiteren Torbau mit Treppe gelangte man dann in die große Kammer A, etwa an der Stelle, wo heute die großen Bäume stehen.

Abb.127 Yazılıkaya, Rekonstruktion der Gebäude vor dem Felsheiligtum (U.Betin, nach R.Naumann)

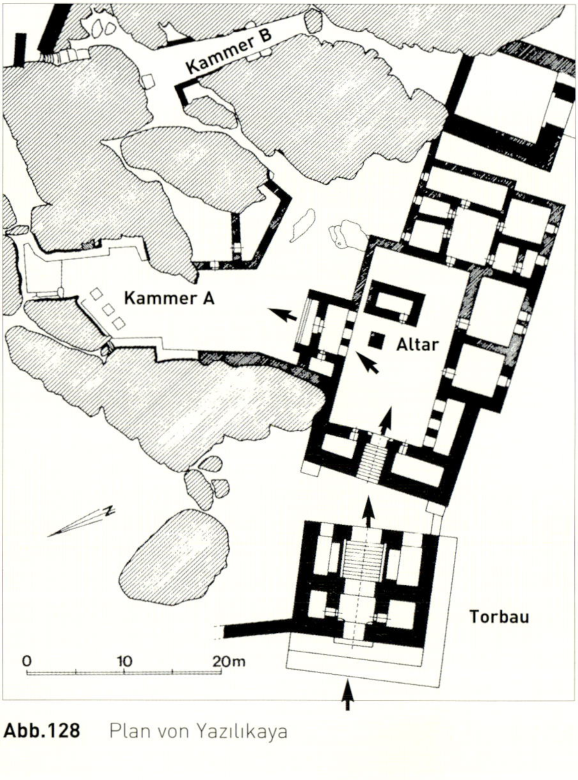

Abb.128 Plan von Yazılıkaya

Abb.129 Yazılıkaya, Kammer A

Die Beleuchtung der Reliefs hängt sehr davon ab, zu welcher Jahres- und Tageszeit man den Platz besucht: In der großen Kammer A sind die männlichen Gottheiten auf der linken Seite am späten Vormittag recht gut zu sehen, die weiblichen auf der rechten Seite dagegen besser am frühen Nachmittag, und die Hauptszene an der Rückwand ist im Lauf des Nachmittags gegen 14-16 Uhr gut beleuchtet. In der kleinen Kammer B ist zwischen 11 und 13 Uhr das beste Licht. Ursprünglich waren die Reliefs natürlich viel deutlicher zu sehen: Der frisch bearbeitete Fels hatte eine weißlich helle und glatte Oberfläche (die sehr viel besser erhaltenen Reliefs in der kleinen Kammer B geben einen Eindruck davon). Und obwohl keine Farbspuren erhalten geblieben sind, darf man davon ausgehen, daß die Reliefs zusätzlich bunt bemalt gewesen sind, denn praktisch alle frühen Kulturen haben farbenfrohe Kunst und Kultbilder geliebt.

Kammer A

Die große Kammer A ist rund 30 m lang und war ursprünglich mit einem Pflasterboden ausgestattet (Abb.129-130). Auf beiden Seiten erkennt man die **Reliefs**, die in fortlaufenden Bändern in die Kalksteinwände gemeißelt sind (Abb.130 und 135 zeigen das Numerierungsschema der Reliefs, auf das sich die folgende Beschreibung bezieht). Dargestellt sind hier auf der **linken Seite männliche Gottheiten** (mit Ausnahme von Relief Nr.36 und 37)

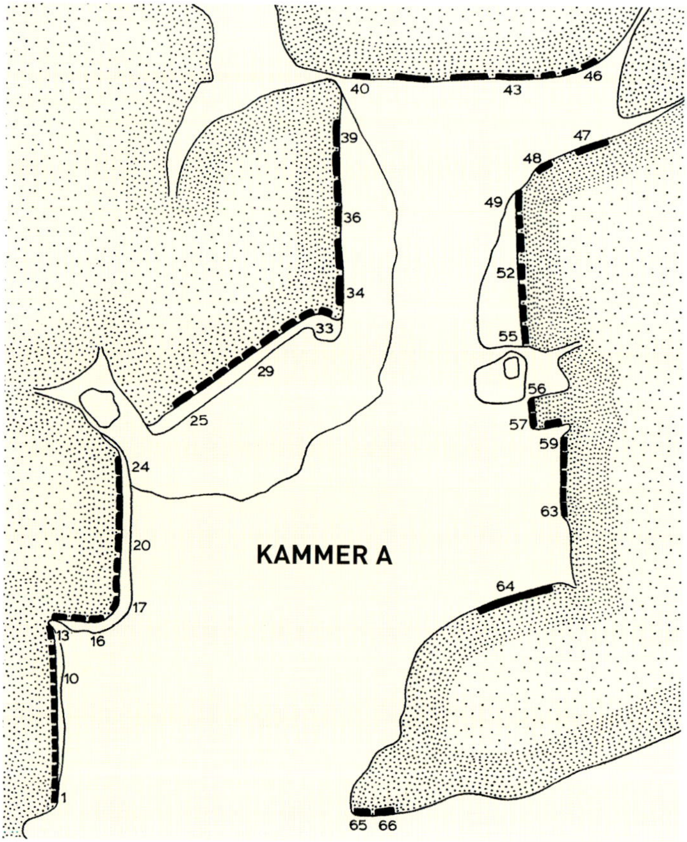

Abb.130 Yazılıkaya, Numerierungsschema der Reliefs in Kammer A

Abb.131 Yazılıkaya, Reliefs Nr.25-29 in Kammer A

und auf der **rechten Seite weibliche Gottheiten**. Sie sind alle in einer Richtung orientiert und scheinen auf die hintere Wand der Kammer zuzugehen, wo folgerichtig die **Hauptszene** angebracht ist – hier begegnen sich als Anführer der Götterprozessionen die höchsten Gottheiten, der Wettergott und die Sonnengöttin.

Die **männlichen Gottheiten** auf der linken Seite der Kammer (Abb.131-132) sind meist mit kurzem **Rock** und **Spitzmütze** dargestellt. Alle tragen **Schnabelschuhe**, und nicht wenige sind bewaffnet mit einem sichelförmig gebogenen **Schwert** oder mit einer **Keule**, die sie über der Schulter tragen. **Berggötter** tragen typische lange **Röcke mit schuppenförmigen Aufsätzen** (Relief Nr.13-15, 16a und 17). Einige Götter tragen rechteckig geschnittene **Bärte**, mehrfach sind Ohrringe zu erkennen, und drei Götter sind mit **Flügeln** dargestellt – Gott Pirinkir (Relief Nr.31), ein **Mondgott** (Relief Nr. 35) und die Gottheit **Schauschka** (Relief Nr.38). Hinter dem Mondgott geht der **Sonnengott des Himmels**

Abb.132 Yazılıkaya, Reihe von männlichen Gottheiten (Reliefs Nr.1-39) in Kammer A

(Relief Nr.34), durch eine geflügelte Sonne über dem Kopf gekennzeichnet. Auffällig sind weiterhin noch die zwei **Stiermenschen** (Relief Nr.28 und 29, Abb.131), die auf dem Symbol für "Erde" stehen und das Symbol für "Himmel", eine Mondsichel, über ihren Köpfen tragen. Die einzigen weiblichen Gottheiten auf der linken Seite sind **Ninatta** und **Kulitta** (Relief Nr.36 und 37), die als Dienerinnen der Gottheit **Schauschka** (Relief Nr.38) hinter dieser hergehen.

Die **weiblichen Gottheiten** auf der rechten Seite der Kammer (Abb.133) tragen dagegen lange **Faltenröcke**, **Schnabelschuhe**,

Ohrringe und auf dem Kopf **hohe Hüte**. Individuelle Attribute fehlen fast völlig. Sie sind in strenger Seitenansicht gezeigt; im Gegensatz dazu ist bei den männlichen Gestalten der Oberkörper von vorn gezeigt, also zum Betrachter hin gedreht. Dieser geschlechtsspezifische Unterschied in der Darstellung ist ein typisches Element hethitischer Reliefkunst.

Die **Hauptszene an der Rückwand** von Kammer A (Abb.134) zeigt die Begegnung der beiden höchsten Gottheiten, des **Wettergottes Teschub** (Relief Nr.42) und der **Sonnengöttin Hebat** (Relief Nr.43). Der bärtige Wettergott steht auf zwei Berggöttern

Abb.133 Yazılıkaya, Reihe von weiblichen Gottheiten (Reliefs Nr.49-60) in Kammer A

und ist mit einer großen Keule bewaffnet. Mit einigem Abstand links hinter ihm folgen wahrscheinlich der Wettergott von Hatti (Relief Nr.41) sowie wahrscheinlich der Gott **Kumarbi** (Relief Nr.40), die beide auf hohen Bergkegeln stehen. Die Sonnengöttin ist mit langem Faltengewand und hohem Hut dargestellt. Sie steht auf einer **Raubkatze**, die wiederum auf vier Bergkegeln steht. Halb verdeckt hinter ihrem Rock ist wie bei Teschub ein **springender Stier** mit spitzer Göttermütze dargestellt. Hinter Hebat steht **Scharrumma**, der Sohn des Götterpaares, auf einer Raubkatze, die ebenfalls auf Bergkegeln steht. Dahinter folgen zwei weibliche Gestalten – Alanzu, die Tochter des Götterpaares, und eine Enkelin des Teschub. Beide stehen über einem **doppelköpfigen Adler**.

Bei vielen Figuren der Götterprozession ist der Name vor dem Kopf bzw. über der ausgestreckten Hand mit **luwischen Hieroglyphenzeichen** angegeben. Zuoberst steht jeweils das Zeichen für Gott, ein liegendes Oval mit senkrechtem Mittelsteg. Viele

Namen sind noch nicht entziffert, und bei einigen ist die Interpretation der Zeichen umstritten. Interessanterweise sind bei allen Gottheiten ihre hurritischen Namen angegeben. Die hurritische Kultur, beheimatet in Ostanatolien und Nordmesopotamien, hat im 14.-13. Jahrhundert v. Chr. einen starken Einfluß auf die Hethiter ausgeübt, und mehrere Königinnen waren hurritischer Abstammung.

Abb.134 Yazılıkaya, Die Hauptszene in Kammer A (Reliefs Nr.41-46)

Niedrige **Felsbänke** und **Felspodeste** sind an den Wänden unterhalb von den Reliefs stehengelassen worden (Abb.131-133). Sie dienten vielleicht zum Aufstellen von Weihegaben und Schmuck. Die große flache Felsbank an der linken Seite vor den Reliefs Nr. 25-33 hat am vorderen Rand drei große rechteckige Eintiefungen, die als Standplatz für Kultgerät, z.B. für Räucherbecken, gedient haben mögen.

1 2 3 4 5 6 7 8 9 10

16a 17 18 19

25 26 27

28 29

12 13 14 15 16

20 21 22 23 24

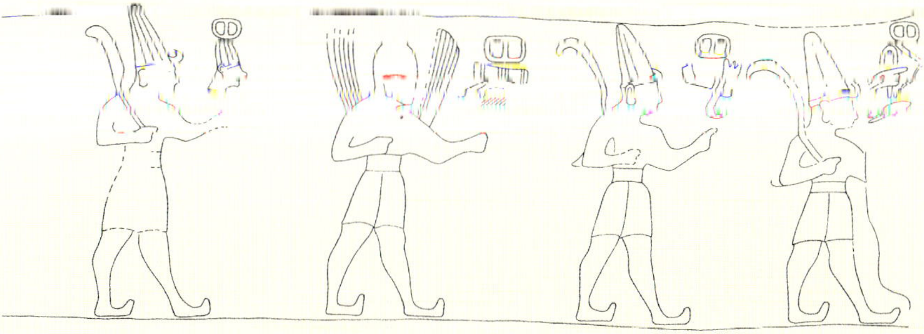

30 31 32 33

Abb.135 Yazılıkaya, Zeichnungen der Reliefs in Kammer A

34

35

40

41

36 37 38 39

42 43 44 45 46

Abb.135 Yazılıkaya, Zeichnungen der Reliefs in Kammer A (Fortsetzung)

46a 47 48 49 50 51

58 59 60 61 62 63

Abb.135 Yazılıkaya, Zeichnungen der Reliefs in Kammer A (Fortsetzung)

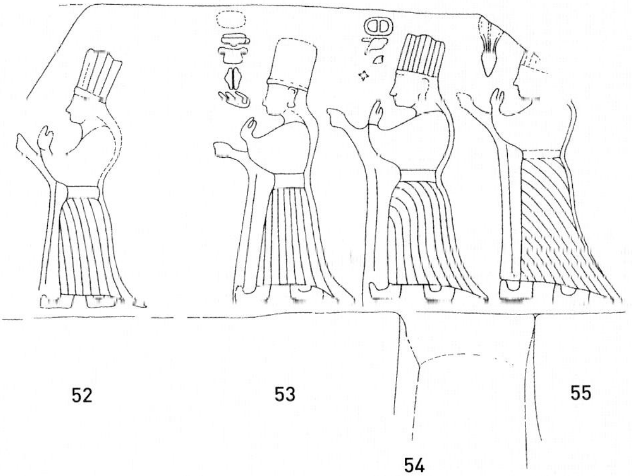

52 53 54 55

56 57

64

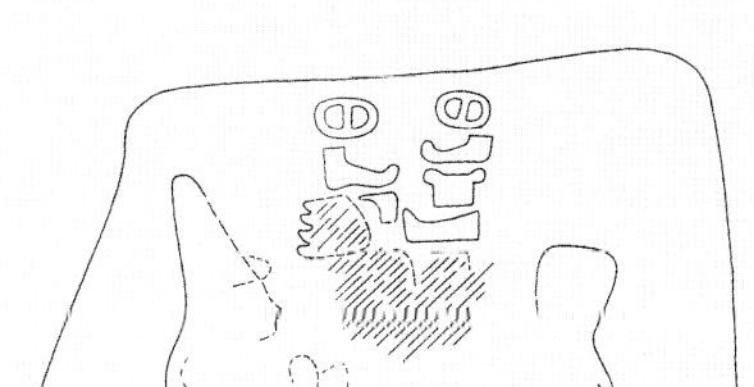

65 / 66

Die Reihe der männlichen Gottheiten auf der linken Seite der Kammer A

(Numerierung wie Abb.130 und 135)

1-12 Zwölf Unterweltsgötter: Zwölf gleichartige Männergestalten mit kurzem Rock und einer hohen Spitzmütze, an der vorn ein Horn angebracht ist. In der rechten Hand tragen sie jeweils ein Sichelschwert, das nach hinten über die Schulter gelegt ist. Dieselbe Zwölferreihe ist in besserem Erhaltungszustand noch einmal in der kleinen Kammer B zu sehen.

13-15 Drei Berggötter: Bärtige Männergestalten mit der gehörnten Spitzmütze. Mit den Schuppen und Fortsätzen an den bodenlangen Röcken werden symbolisch Berge und Quellen dargestellt; bei Nr. 14 und 15 sind die Namen mit Hieroglyphen dargestellt, aber noch ungedeutet.

16 Unidentifizierter Gott: Männergestalt mit Spitzmütze und kurzem Rock, Name noch nicht entziffert.

16a-17 Zwei Berggötter: Bärtige Männergestalten mit nach vorn gebogenen Spitzmützen und Schuppenröcken. Besonders Nr. 16a ist dank einer Sinterschicht teilweise gut erhalten. Namen noch nicht entziffert.

18-22 Fünf Gottheiten ohne Namensnennung: Alle tragen die hohe gehörnte Spitzmütze und den kurzen Rock, Nr.20 und 22 auch einen langen offenen Umhang; Nr.18 und 21 sind mit einer Keule bewaffnet.

23-24 Zwei Götter mit kurzem Rock, Spitzmütze, Bart und Keule über der rechten Schulter; Nr.24 trägt zusätzlich einen langen offenen Umhang. Die Namenszeichen über der ausgestreckten linken Hand sind nicht entziffert.

25-27 Drei Götter mit kurzem Rock, Spitzmütze und einem Sichelschwert über der rechten Schulter. Bei Nr. 25 ist kein Namenszeichen erhalten; Nr. 26 mit langem offenem Umhang ist vielleicht Gott Pischaischaphi; Nr. 27 ist wahrscheinlich Nergal, Gott der Unterwelt.

28-29 Zwei Wesen mit Hinterleibern und Köpfen von Stieren, aber anscheinend menschlichen Oberkörpern und Armen. Der lange Schwanz mit Quaste ist zwischen den Hinterbeinen zu erkennen. Wahrscheinlich die Himmelsstiere Hurri und Scheri; sie stehen auf dem Zeichen für "Erde", einem Rechteck mit zwei seitlichen Fortsätzen, und tragen das Zeichen für "Himmel", eine liegende Mondsichel.

30 Wahrscheinlich der Kriegsgott ZABABA= Heschue: Männergestalt mit kurzem Rock, gehörnter Spitzmütze und Sichelschwert auf der rechten Schulter.

31 Gott Pirinkir: Wohl unbewaffnete Männergestalt mit kurzem Rock und runder Kappe auf dem Kopf; auf den Schultern sind steil stehende Flügel dargestellt.

32 Unbekannte Schutzgottheit, Hirschgott: Männergestalt mit gehörnter Spitzmütze, kurzem Rock und Sichelschwert über der rechten Schulter.

33 Kriegsgott Aschtabi: Männergestalt mit gehörnter Spitzmütze, kurzem Rock und Sichelschwert über der rechten Schulter.

34 Sonnengott des Himmels: Männliche Figur mit langem Mantel und Umhang; auf dem Kopf eine runde Kappe, in der rechten Hand ein langer, unten gebogener Stab ("lituus"); unter dem ausgestreckten linken Arm ist das sichelförmige Griffende eines Schwerts zu erkennen. Über dem Kof schwebt eine sternartig dargestellte Sonnenscheibe mit nach rechts und links weit ausgreifenden Flügeln.

35 Mondgott: Bärtige männliche Figur mit gehörnter Spitzmütze, kurzem Rock und langem offenem Umhang; auf der Spitzmütze sitzt eine Mondsichel; über den Schultern zwei steil stehende Flügel.

36-37 Ninatta und Kulitta, Dienerinnen der Gottheit Schauschka (Nr.38): Zwei weibliche Figuren mit bodenlangen Faltenröcken, Hemden und runden Kappen auf den Köpfen. In der rechten Hand trägt Nr. 36 wohl einen Spiegel und Nr. 37 anscheinend ein Salbgefäß. Bei diesen tiefliegenden Reliefs ist die originale Oberfläche teilweise noch erhalten.

38 Schauschka, eine Erscheinungsform der Göttin Ischtar: Männliche Gestalt mit gehörnter Spitzmütze, kurzem Rock, faltenreichem Überrock und langem offenem Umhang; auf den Schultern zwei steil aufragende Flügel.

39 Der Gott der Weisheit Ea: Eine bärtige männliche Gestalt mit gehörnter Spitzmütze, kurzem Rock und langem offenem Umhang, trägt eine Keule über der rechten Schulter.

Die Hauptszene an der Rückwand der Kammer A

40 Wahrscheinlich der Gott Kumarbi: Bärtige männliche Gestalt mit hoher Spitzmütze, kurzem Rock und vorn offenem Umhang; hinter dem breiten Gürtel ist das sichelförmige Griffende eines Schwertes zu erkennen; die Figur steht auf zwei hohen kegelförmigen "Sockeln", die Berge darstellen.

41 Wahrscheinlich der Wettergott von Hatti: Bärtige männliche Gestalt mit einer Spitzmütze, auf der ein Stier sitzt, kurzem Rock und vorn offenem Umhang; im Gürtel an der linken Seite ein Schwert mit sichelförmigem Griffende; in der rechten Hand eine große Keule, in der linken Hand ein langer Stab (Lanze ?); steht wie Nr. 40 auf zwei Bergkegeln.

42 Der Wettergott Teschub: Bärtige männliche Gestalt mit hoher, vielfach gehörnter Spitzmütze und kurzem Rock; im Gürtel an der linken Seite ein Schwert mit sichelförmigem Griffende, in der rechten Hand eine Keule. Er steht auf den Nacken von zwei bärtigen Gestalten, die durch Göttermütze und Schuppenrock als Berggötter – wohl Namni und Hazzi – kenntlich gemacht sind. Hinter den Beinen von Teschub ist ein springender Stier mit Göttermütze zu erkennen, der in der Beischrift als "Stierkalb des Teschub" identifiziert wird.

Die Relieffiguren Nr.1 bis 42 sind alle nach rechts gewandt dargestellt. Nr. 42 und 43 stellen das Zusammentreffen der beiden obersten Gottheiten dar, die gleichzeitig Anführer der Reihen von männlichen und weiblichen Gottheiten sind. Daher sind ab Nr.43 alle Figuren nach links gewandt dargestellt.

43 Die Sonnengöttin Hebat: Weibliche Figur mit langem Faltenrock und gefälteltem Hemd oberhalb eines Gürtels; auf dem Kopf ein hoher Hut mit zinnenartigen Aufsätzen; im Nacken ein langer Haarzopf bis zum Gürtel hinunter; sie steht auf dem Rücken einer großen Raubkatze, die wiederum auf vier kleineren Bergkegeln steht. Hinter Hebat ist wie bei Teschub ein springender Stier mit Spitzmütze dargestellt, aber die Hieroglyphenbeischrift ist bislang nicht entziffert.

44 Der Gott Scharrumma, der Sohn von Hebat und Teschub: die einzige männliche Gestalt in der Reihe der weiblichen Gottheiten trägt einen kurzen Rock und eine Spitzmütze, die auf der Vorderseite eine Reihe von Hörnern zeigt; ein langer Zopf fällt auf den Rücken herunter, und im Gürtel steckt auf der rechten (!) Körperseite ein Schwert mit sichelförmigem Griffende; in der linken Hand eine Streitaxt. Die Figur steht auf dem Rücken einer Raubkatze, deren Schwanz fast senkrecht aufgestellt ist. Vom Kopf der Raubkatze, die auf zwei Bergkegeln steht, führt ein Seil zur rechten Hand des göttlichen Sohns.

45-46 Alanzu, Tochter von Teschub und Hebat, sowie eine Enkelin des Teschub: Zwei weibliche Gestalten mit langem Faltenrock, vielleicht leicht gefältelter Bluse, hohem Hut mit zinnenartigen Aufsätzen und langem Zopf auf dem Rücken. Beide stehen über der Darstellung eines doppelköpfigen Adlers.

Die Reihe der weiblichen Gottheiten auf der rechten Seite der Kammer A

Die Göttinnen haben weniger individuelle Merkmale als die Götter auf der gegenüberliegenden Seite. Alle tragen wie die weiblichen Figuren der Hauptszene Schnabelschuhe, einen bodenlangen Faltenrock mit Gürtel, eine Bluse und einen Umhang sowie auf dem Kopf einen hohen Hut mit zinnenartigen Aufsätzen. Hinten fällt ein Haarzopf auf den Rücken herunter. Die rechte Hand ist als Faust vorgestreckt, während die linke offen und in die Nähe des Kinns erhoben ist. Auffällig ist auch, daß bei allen weiblichen Darstellungen der ganze Körper in Seitenansicht dargestellt ist, während bei den männlichen Figuren nur der Unterkörper von der Seite, der Oberkörper-/Brustbereich aber frontal zu sehen ist.

46a Vielleicht die Göttin Tarru Takitu: Nur noch die Hieroglyphenzeichen des Namens sind erkennbar, die Relieffigur selber ist zerstört. Sehr wahrscheinlich gab es in dem Felsspalt rechts von der Hauptszene, der heute mit einer Schutzmauer verschlossen ist, noch weitere Darstellungen von Göttinnen auf separaten eingesetzten Mauerblöcken. Ein solcher Block mit der Darstellung der Göttin Ischtar (Schauschka), der möglicherweise von hier stammt, ist im Museum in Bogazkale zu besichtigen.

47 Die Göttin Hutena

48 Die Göttin Hutellurra

49 Die Göttin Allatu, die Nische im Fels, die den Kopf der Figur teilweise zerstört hat, ist wohl erst in nachhethitischer Zeit gemacht worden

50-51 Unbekannte Göttinnen

52 Die Göttin Schalusch

53 Die Göttin Tapkina, Gemahlin von Ea, Gott der Weisheit

54 Die Göttin Nikkal, Gemahlin des Mondgottes

55-63 Die Namen der Göttinnen sind nicht sicher zu bestimmen

Zwischen Nr.55 und 56 waren ursprünglich wohl zwei weitere Figuren auf separaten Reliefblöcken eingesetzt.

Abb.136 Yazılıkaya, Großkönig Tudhaliya IV. in Kammer A (Relief Nr.64)

Relief Nr. 64: Großkönig Tudhaliya IV.

Die größte Relieffigur in diesem Heiligtum ist an der Wand gegenüber von der Hauptszene angebracht, am Ende des Zugs der weiblichen Gottheiten (Abb. 136). Hier ist bezeichnenderweise kein Gott, sondern Großkönig Tudhaliya IV. dargestellt – in gebührendem Abstand, aber genau gegenüber der Hauptszene an der Rückwand, so als ob er den obersten Gottheiten seine Referenz erweisen wollte. Man vermutet auch aus diesem Grund, daß dieser Großkönig für die endgültige Ausgestaltung des Heiligtums von Yazılıkaya um die Mitte des 13. Jahrhunderts v. Chr. verantwortlich ist.

Das Relief ist durch eine natürliche **Kalksinterschicht** geschützt worden und weniger stark verwittert. Die meiste Zeit des Jahres liegt es im Schatten, aber zur Zeit der Sommersonnenwende Mitte Juni fällt an einigen Tagen spätnachmittags für kurze Zeit das Sonnenlicht darauf.

Der König ist ganz ähnlich wie der Sonnengott Relief Nr.34 und wie der Sonnengott in der Hieroglyphenkammer in der Oberstadt (Abb.96) dargestellt: Er trägt einen langen Mantel mit offenem Umhang, Schnabelschuhe und auf dem Kopf eine runde Kappe; in der linken Hand hält er einen langen Stab mit gebogenem Ende ("lituus"); aus dem Mantel ragt ein sichelförmiger Schwertgriff hervor. Die Figur steht auf zwei Erhebungen, die durch Schuppen als Bergkegel gekennzeichnet sind. Über der nach vorn gestreckten rechten Hand ist der Name in Form einer Kartusche mit Hieroglyphenzeichen und vollständiger Titulatur eingemeißelt (vergl. Relief Nr.83 in der kleinen Kammer B, Abb.143): Unter einer doppelten geflügelten Sonnenscheibe ist in der Mitte der Name angegeben – das Hieroglyphenzeichen "tu", das wie ein liegender Stiefel aussieht, und darüber das Zeichen eines bärtigen Berggotts mit Schuppenrock, hoher Spitzmütze und erhobener linker Hand; rechts und links daneben steht zweimal der Titel "labarna" (Dolch über liegender Blüte), und ganz außen jeweils der Titel "Großkönig" (Spitzkegel unter Volute).

Abb.137 Yazılıkaya, Einer der Dämonen am Eingang zu Kammer B (Relief Nr.68)

Ein **Relief mit zwei Gottheiten** (Nr.65-66) an der vorspringenden Felsnase rechts vom Eingang zu Kammer A ist sehr schlecht erhalten: Eine **männliche Gestalt** mit hoher Spitzmütze links und eine **weibliche Gestalt** mit hohem rechteckigem Hut rechts sitzen sich gegenüber. In der Mitte zwischen ihnen steht ein **Tisch** oder ein **Opferaltar.** Die Namenshieroglyphen darüber beginnen jeweils mit dem Götterzeichen, konnten aber noch nicht gelesen werden.

Möglicherweise hat dieses Relief einen Bezug zu dem tiefen Felsspalt, der rechts davon in den Berg führt. Leider haben Ausgrabungen in diesem Spalt nur wenige Hinweise auf

Kulthandlungen in hethitischer Zeit gebracht.

Der **Weg in die kleine Kammer B** führt über einen engen Gang durch den Fels. Am Eingang außen sind zwei Reliefs mit **geflügelten löwenköpfigen Dämonen** (Nr.67-68, Abb.137) angebracht. Mit ihren drohend erhobenen Armen scheinen sie den Eingang schützen zu wollen.

Abb.138 Yazılıkaya, Kammer B

Kammer B

Diese Kammer ist rund 18 m lang und im Norden 4 m, im Süden 2,5m breit (Abb.138). Die hohen geraden Seitenwände sind nicht künstlich geglättet, sondern natürlichen Ursprungs. Die Reliefdarstellungen sind hier sehr viel besser erhalten, weil die Kammer mit Erde verschüttet war und erst nach der Mitte des 19. Jahrhunderts freigegraben worden ist.

Abb.139 Basis einer hethitischen Statue, möglicherweise aus Kammer B in Yazılıkaya stammend

Man nimmt an, daß diese Kammer eine **Gedenkstätte** ist, die der Großkönig Schupiluliuma II. für seinen verstorbenen Vater Tudhaliya IV. einrichtete und in der er ihm eine **Statue** aufstellen ließ. Als Basis für die Statue diente vielleicht der **Kalksteinblock** am Nordende der Kammer beim heutigen Eingang. Eine Basaltplatte mit den gleichen Ausmaßen, auf der die Füße einer großen Statue erhalten sind, wurde 1981 im Nachbardorf Yekbas/Evren gefunden und ist heute im Garten des Museums Boğazkale ausgestellt (Abb.139). Nach der Größe der Füße zu urteilen, muß die zugehörige Statue mindestens 3 m hoch gewesen sein.

Abb.140 Yazılıkaya Kammer B, Zwölf Unterweltsgötter (Relief Nr.69-80)

An der vom Eingang her rechts gelegenen Wand befindet sich ein Relief mit einer Reihe von **Unterweltsgöttern** (Relief Nr.69-80, Abb.140 und 143): Zwölf gleichartige männliche Gestalten mit Hemd, Gürtel, kurzem Rock und Schnabelschuhen. Auf der Schulter tragen sie jeweils ein Sichelschwert, und die gehörnten Spitzmützen weisen sie als Götter aus. Die Darstellung ist identisch mit der Zwölferreihe (Relief Nr.1-12) am Anfang der männlichen Götterreihe in der großen Kammer A des Heiligtums.

Auf der gegenüberliegenden Wand sind drei Reliefs angebracht:

Abb.141 Yazılıkaya Kammer B, Großkönig Tudhaliya IV. umarmt und geleitet von Gott Scharruma (Relief Nr.81)

Gott Scharrumma umarmt und führt Großkönig Tudhaliya IV. (Relief Nr.81, Abb.141 und 143): Der Gott Scharrumma, persönlicher Schutzgott von Tudhaliya IV., geleitet den (verstorbenen ?) Großkönig. Dieser ist hier in derselben Tracht dargestellt wie auf Relief Nr. 64 in der Hauptkammer A – langer Mantel mit offenem Umhang, auf dem Kopf eine runde Kappe, Schnabelschuhe an den Füßen und in der linken Hand ein langer unten gebogener Stab ("lituus"). Die Figur des Scharrumma ist deutlich größer. Er trägt einen kurzen Rock mit Gürtel und wie der König ein Schwert mit sichelförmigem Griff. Auf dem Rücken hängt ein langer Haarzopf herunter. Den linken Arm hat er um die Schulter des Königs gelegt und mit der Hand hält er dessen erhobene rechte Hand. Hinter der gehörnten Spitzmütze des Gottes ist eine

Kartusche mit Namen und Titulatur des Königs angegeben, auf der rechten Seite noch ergänzt um das Zeichen für "Held" (im Gegensatz zu Nr. 83 und Nr. 64 in der großen Kammer ist hier im Namen von Tudhaliya nicht das Bild für "Berggott", sondern das entsprechende Ideogramm angegeben). Damit ist Großkönig Tudhaliya IV. sowohl in Kammer A als auch in B als einziger Mensch unter all den Göttern dargestellt.

Schwertgott bzw. Unterweltsgott Nergal (Relief Nr.82, Abb. 142 und 143): Diese ungewöhnliche Darstellung zeigt ein senkrecht stehendes Schwert. Der Griffknauf oben wird gebildet durch den Kopf eines Mannes mit spitzer gehörnter Göttermütze; am Ohr hängt ein Ring, und im Nacken fällt das Haar herab. Anstelle der Schultern sind die Vorderleiber von zwei Löwen, die in entgegengesetzte Richtung blicken, dargestellt. Die eigentliche Grifffläche ist gebildet durch zwei senkrecht

Abb.142 Yazılıkaya Kammer B, Schwertgott bzw. Unterweltsgott Nergal (Relief Nr.82)

69 70 71 72 73 74 75 76 77

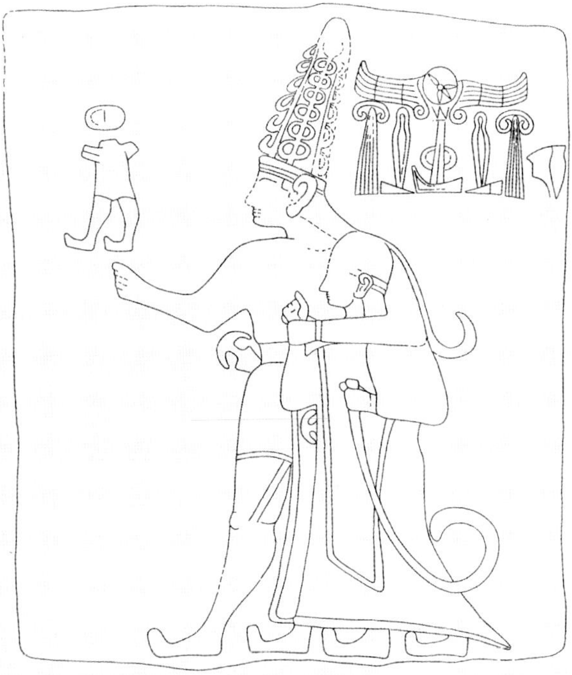

81

Abb.143 Yazılıkaya, Zeichnungen der Reliefs in Kammer B

79 80

83

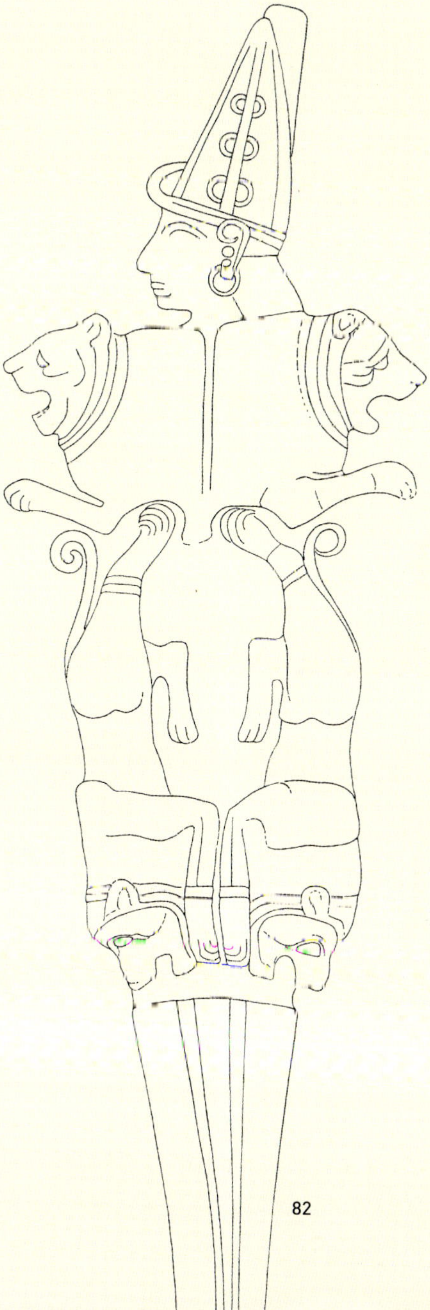

82

angeordnete schleichende Löwen mit aufgerissenen Mäulern, und darunter setzt die nach unten schmäler werdende Schwertklinge mit Längsrippen an. Die Spitze der Klinge ist nicht dargestellt – möglicherweise war hier ein Podest vor die Felswand gesetzt.

Kartusche mit Namen und Titulatur des Großkönigs Tudhaliya IV. (Relief Nr.83, Abb.143):

Diese Kartusche entspricht weitgehend derjenigen bei dem großen Königsrelief in Kammer A (Relief Nr.64). Unter einer geflügelten Sonnenscheibe ist in der Mitte der Name angegeben: Er besteht aus den Hieroglyphenzeichen tu, das wie ein liegender Stiefel aussieht, und darüber dem Zeichen eines bärtigen Berggotts mit Schuppenrock, hoher Spitzmütze und einer Keule in der erhobenen rechten Hand; rechts und links daneben ist zweimal der Titel "labarna" (Dolch über liegender Blüte) angegeben, und ganz außen jeweils der Titel "Großkönig" (Spitzkegel unter Volute). Diese Namensnennung kann sich auf die vermutete Statue des verstorbenen Königs, die auf dem Podest vor der Nordwand aufgestellt war, beziehen.

Im hinteren Teil der Kammer befinden sich drei tiefe **Nischen** in der Wand (Abb.141), deren Funktion unbekannt ist – möglicherweise wurden hier Opfergaben niedergelegt.

Angesichts der Position der vermuteten Statue am Nordende sowie der Ausrichtung der Reliefs nach Norden ist die Frage gestellt worden, ob der **ursprüngliche Eingang** nicht an der Südseite der Kammer lag. Es gab wohl einst eine Öffnung von der Seite, aber sie ist schon in hethitischer Zeit durch die jetzt dort liegenden großen Steinblöcke blockiert gewesen.

Die Hethiter, ihre Vorläufer und ihre Nachfolger:

Ein kurzer Abriß der Geschichte von Hattuscha/Boğazköy im Lauf der Jahrtausende

Dieses Kapitel soll ein wenig Hintergrundinformation geben zu dem Besuch in Hattuscha/Boğazköy. Falls die Ruinen Ihr Interesse geweckt haben, finden Sie im Anschluß eine Liste mit weiterführender Literatur.

Die Landschaft: Hattuscha/Boğazköy liegt im Norden von Zentralanatolien, am Nordrand der antiken Landschaft Kappadokien. Hier herrscht ein trockenes kontinentales Klima, und die Vegetation ist heute steppenartig karg und weitgehend baumlos. Die Winter sind lang und kalt, und die Sommer relativ kurz und heiß. Das war jedoch nicht immer so. Früher herrschte

Abb.144 Die Winter in Hattuscha sind lang und kalt

ein feuchteres Klima, durch das die Extreme von Hitze und Kälte geringer ausfielen. Neben den zentralen Steppengebieten im Bereich von Kappadokien (südlich von Yozgat beginnend) gab es vor allem im Norden ausgedehnte Bereiche mit einer dichten Vegetationsdecke und Wäldern. Dadurch wurde die Erosion verhindert, und die Erde konnte mehr Wasser speichern, was wiederum der Vegetation zugute kam. Die Bedingungen für Ackerbau und Viehzucht waren günstiger als heute, und die Wälder boten Lebensraum für zahlreiche Wildtiere.

Nur ganz selten findet man in Nordanatolien Spuren aus der Alt- und Mittelsteinzeit, als der Mensch noch als Jäger und Sammler umherzog. Aber auch aus der Jungsteinzeit, als der Mensch bereits zum weitgehend seßhaften Ackerbauer und Viehzüchter geworden war, ist bislang aus diesem Landesteil kaum etwas bekannt: Offensichtlich entsprach das bergige Waldland nicht den Ansprüchen der frühen bäuerlichen Gemeinschaften. Für sie waren offene Landschaften mit großen Weideflächen und mit günstigerem Klima attraktiver, und so entstanden die ersten komplexen Bauernsiedlungen weiter südlich: Çatal Höyük bei Çumra in der Konya-Ebene ist das bekannteste Beispiel.

Vor den Hethitern: Anatolische Ureinwohner *(6. – 3. Jahrtausend v. Chr.)*

Die erste "Landnahme" in der Umgebung von Hattuscha/ Boğazköy fand erst im **Chalkolithikum** im 6. Jahrtausend v. Chr. statt. Es waren durchweg kleine Ansiedlungen, die weit verstreut und bevorzugt an Berghängen oder auf Bergkuppen lagen. Ein solcher Weiler befand sich einst auch auf der Spitze des Bergrückens von Büyükkaya. Dies ist die erste Spur menschlicher

Abb. 145 Karte von West- und Zentralanatolien

Besiedlung im Stadtgebiet von Hattuscha. Eine weitere Siedlung aus dieser Zeit lag bei Yarıkkaya, 2 km nordöstlich von Hattuscha (Funde im Museum Boğazkale).

In den folgenden Jahrtausenden nahm die Siedlungsintensität in der Waldlandschaft des nördlichen Zentralanatolien nur sehr langsam zu. Erst in der **Frühen Bronzezeit** im dritten Jahrtausend v. Chr. entwickelten sich größere Siedlungszonen, die untereinander in regem Kontakt standen und die Basis bildeten für eine Veränderung der Gesellschaft: Aus kleinen Ansiedlungen entstanden politische und religiöse Zentren, die Macht über größere Bereiche ausübten. Man vermutet, daß unter anderem die

Erschließung der Erzvorkommen Nordanatoliens diese Entwicklung begünstigt hat. Ein solches Zentrum liegt nur 25 km von Hattuscha/Boğazköy entfernt in Alaca Höyük, wo verblüffend reich ausgestattete Fürstengräber aus der Zeit um 2400-2200 v. Chr. freigelegt worden sind. Kunstvoll gearbeitete Waffen, Schmuck, Skulpturen, Geräte und Gefäße aus Gold, Silber, Elektron, Bronze und sogar Eisen gehörten zu den Beigaben in den kammerförmigen Gräbern (Originale im Museum für Anatolische Zivilisationen in Ankara, Kopien im Museum von Alaca Höyük). Die Herren von Alaca Höyük waren **Hattier**, Ureinwohner und Vorgänger der Hethiter in Nord- und Zentralanatolien.

Im Stadtgebiet von Hattuscha/Boğazköy entstand nur kurze Zeit später ebenfalls eine hattische Ansiedlung, und damit begann nun in der späten Frühbronzezeit eine **dauerhafte Besiedlung des**

Abb. 146 Kopf einer frühbronzezeitlichen Tonstatuette von Büyükkaya

Ortes. Reste dieser hattischen Siedlung sind unter den Schuttschichten der hethitischen Unterstadt festgestellt worden. Auch die Höhenrücken von Büyükkaya und Büyükkale wurden als Siedlungsfläche genutzt, und hier gibt es sogar Hinweise auf Befestigungsmauern.

Hattusch und die assyrische Handelskolonie *(ca. 2000–1700 v. Chr.)*

Diese hattische Siedlung entwickelte sich im Verlauf der nun folgenden Mittleren Bronzezeit zu einem wichtigen Zentrum – so wichtig, daß hier im 19./18. Jh. v. Chr. ein **Karum**, eine **Handelsstation assyrischer Kaufleute** eingerichtet wurde: Händler von Assur (am mittleren Tigris im nördlichen Irak gelegen) kamen nach Anatolien, um hier vor allem Rohstoffe wie Kupfer, Silber, Gold und wertvolle Steine zu kaufen. Mit langen Eselskarawanen wurden die Güter nach Mesopotamien geschafft, und von dort kamen im Gegenzug unter anderem Zinn, Stoffe und Kleider. Außerdem beteiligten sich die assyrischen Kaufleute am inneranatolischen Handel. Der östliche Teil Anatoliens war mit einem Routennetz überzogen, dessen Knotenpunkte die Handelsstationen bildeten. Sie lagen in Zentralanatolien jeweils bei den Hauptorten hattischer Fürstentümer, wo die assyrischen Händler mit ihren Familien in separaten Vierteln lebten. Sie genossen den Schutz der hattischen Herren und waren steuerpflichtig. Die Zentrale des Handelsnetzes lag in Kanesch/Nescha (Kültepe bei Kayseri).

Mit den assyrischen Händlern kam erstmals die Schrift nach Anatolien, denn die Transaktionen waren ohne entsprechende Dokumentation nicht zu bewerkstelligen: Kauf und Verkauf,

Termingeschäfte, Kredite und Tauschaktionen wurden auf Tontafeln mit akkadischer Keilschrift festgehalten. Und auf den Tafeln ist auch der Name des Ortes überliefert: Er hieß damals noch – oder schon – **Hattusch**.

Im Verlauf dieser Epoche, die auch als Karum-Zeit bezeichnet wird, hat man auf der Höhe von Büyükkale eine Befestigung angelegt. Es scheint sicher, daß dort die Herren von Hattusch saßen. Die hattische Siedlung erstreckte sich auf dem Hang unterhalb davon bis hinunter in den Bereich, wo die Hethiter später den Großen Tempel errichteten. Das Karum, das Viertel der assyrischen Händler, lag nördlich davon. Auch die Siedlung und das Karum müssen mit einer Befestigung gegen feindliche Angriffe geschützt gewesen sein.

Abb.147
Stempelsiegel der Karum-Zeit mit Darstellung eines doppelköpfigen Adlers (19.-18. Jahrhundert v. Chr.)

In diesen ersten Jahrhunderten des 2. Jahrtausends v. Chr. gab es in Zentralanatolien häufig Konflikte zwischen den einheimischen hattischen Fürsten und den zugewanderten hethitischen Gruppen, die ihre Macht auszudehnen versuchten. Die ausgegrabenen Ruinen zeigen, daß die Stadt Hattusch um ca. 1700 v. Chr. in einem großen Brand zugrunde gegangen ist. Für die Zerstörung des Orts gibt es sogar eine Überlieferung in einem Keilschrifttext, in dem ein König Anitta von

Kuschar davon berichtet, daß er den König Pijuschti von Hattusch geschlagen und seine Stadt zerstört hat: “In der Nacht nahm ich die Stadt mit Gewalt, an ihrer Stelle aber säte ich Unkraut. Wer nach mir König wird und Hattusch wieder besiedelt, den soll der Wettergott des Himmels treffen”. Als Zentrum seiner Macht wählte Anitta die 160 km südöstlich gelegene Stadt Kanesch/Nescha, die ja als Hauptort der assyrischen Handelskolonien bereits Macht und Ansehen besaß.

Wir wissen nicht, wie lange Anitta’s Fluch über Hattusch seine Wirkung getan hat, aber es ist anzunehmen, daß die Vorteile der Lage und auch die Wasserquellen bald erneut Siedler angezogen haben. In der zweiten Hälfte des 17. Jahrhunderts v. Chr. war der Platz jedenfalls schon wieder so attraktiv, daß ein hethitischer König ihn zu seiner Residenz- und Hauptstadt wählte – aus dem hattischen Hattusch wurde das **hethitische Hattuscha**.

Die Zeit des hethitischen Alten Reichs

(ca. 1650/1600–1400/1350 v. Chr.)

Über den Ursprung der Hethiter ist leider noch recht wenig bekannt. Ihre Sprache zählt zur **indo-europäischen Sprachfamilie** und man vermutet, daß sie über den Kaukasus nach Zentralanatolien eingewandert sind. Als Zeitraum der Einwanderung wird die zweite Hälfte des 3. Jahrtausends v. Chr. genannt. Eine Präzisierung des Termins fällt schwer, da weder eine gewaltsame Invasion noch eine Völkerverschiebung im großen Stil stattfand. Anscheinend kamen hethitische Gruppen nach und nach nach Anatolien und vermischten sich teilweise mit der einheimisch hattischen Bevölkerung. Etwa gleichzeitig kamen auch andere indo-europäische Einwanderer: Die Luwier ließen sich im Süden und Westen und die Palaier im Norden und Nordwesten Anatoliens nieder.

Die Hethiter übernahmen von den Hattiern die Bezeichnung Hatti für das Land. Ihre Sprache nannten sie dagegen Nesisch, nach der bereits erwähnten Stadt Kanesch/Nescha. Der erste hethitische Großkönig, der in Hattuscha/Boğazköy seine Residenz nahm, stammte wie Anitta ursprünglich aus Kuschar, einer Stadt, die noch nicht wiederentdeckt worden ist. Er nahm aber den Namen Hattuschili, "der von Hattuscha", an. Unter seiner Herrschaft kam es zu einer erneuten Einführung der mesopotamischen Keilschrift, die mit dem Zusammenbruch des assyrischen Handelsnetzes aus Anatolien wieder verschwunden war. Daraus entwickelte sich eine anatolische Schreibtradition, die zur Überlieferung einer Unmenge von Daten auf beschrifteten Tontafeln geführt hat: Hethitische Staatskorrespondenz und -verträge sind ebenso erhalten geblieben wie Gesetzessammlungen, Kultvorschriften, Orakel und altorientalische Literatur. Die seit 1906 ausgegrabenen Archive von Hattuscha mit rund 30.000 Tontafelfragmenten bilden den Hauptfundus, aber auch an anderen Plätzen in Zentralanatolien – Tabigga/Maşat Höyük (Provinz Tokat), Schapinuwa/Ortaköy (Provinz Çorum) und Sarissa/Kuşaklı (Provinz Sivas) – sind inzwischen Tontafelsammlungen gefunden worden.

Großkönig Hattuschili I. betrieb den **Ausbau des Reiches** durch gezielte Eroberungen in Inneranatolien und eine Expansion nach Süden über das Taurusgebirge hinweg nach Nordsyrien. Sein Nachfolger Murschili setzte die Eroberungen im Süden, deren Ziel die Ausschaltung der Syrischen Stadtstaaten und die Kontrolle über die Handelsrouten nach Mesopotamien war, fort. Aleppo wurde erobert, und das Heer zog sogar bis nach Babylon

Abb.148 Mit Griffeln aus Holz und Metall wurden die Keilschriftzeichen in den feuchten Ton eingedrückt

(1200 km Luftlinie von Hattuscha!) und verursachte dort das Ende der Dynastie von Hammurabi. Bald darauf wurde Murschili jedoch ermordet, und es folgte eine Zeit der Unruhe. Das Reich verlor schnell wieder die Länder südlich des Taurus sowie andere Gebiete in Süd- und Ostanatolien an das hurritische Reich von Mitanni.

Es würde zu weit führen, hier das Auf und Ab der hethitischen Macht in Anatolien in den folgenden Jahrzehnten darzustellen. Die Heere waren in vielen Landesteilen aktiv und zogen auch wieder bis nach Aleppo in Nordsyrien. Oft wurden aber die eroberten Städte und Länder, die zu tributpflichtigen Vasallen gemacht wurden, schon nach kurzer Zeit wieder untreu. Zu einer direkten Bedrohung für die Hauptstadt Hattuscha wurden die Angriffe von Stämmen der Kaschkäer, die in den Bergen im

Norden Zentralanatoliens lebten und häufiger Raubzüge in hethitisches Gebiet unternahmen: In einem Keilschrifttext aus der Zeit von Großkönig Tudhaliya III. um 1400 v. Chr. heißt es "Und Hattuscha, die Stadt, wurde niedergebrannt, und nur ... und das Heschti-Haus von ... blieben übrig". Der direkte hethitische Machtbereich war am Ende dieser Zeit wieder auf die zentralanatolischen Gebiete geschrumpft, und der Staat befand sich in einer tiefen Krise.

Die althethitische Stadt nahm denselben Raum wie ihre hattische Vorgängerin ein – auf dem Höhenrücken von Büyükkale lag der Sitz des Großkönigs, und auf dem Hang nordwestlich davon bis hinunter ins Tal erstreckte sich die Wohnstadt, geschützt hinter einer massiven Befestigungsmauer auf der Westseite. Es spricht vieles dafür, daß außerdem das Gebiet der Nordstadt und auch der Felsrücken von Büyükkaya sehr bald mit einer Befestigung versehen und dem Stadtgebiet einverleibt worden sind. Damit hatte die befestigte Stadt eine Ausdehnung von etwa 0,9 x 1,2 km. Dazu mag es weitere Siedlungszonen im direkten Vorland der Stadt gegeben haben.

Die Zeit des hethitischen Großreichs
(ca. 1400/1350 – 1180 v. Chr.)

Mit Großkönig Schupiluliuma I. kam ein Herrscher an die Macht, der das arg geschwächte Reich zu neuer Größe führte. Es gelang nun endlich, die Macht des Reiches von Mitanni, dem mächtigen Gegenspieler im Bereich von Euphrat und Tigris (heute Südosttürkei, Nordsyrien und Nordirak), zu brechen. Nun grenzte hethitisches Gebiet in Syrien direkt an die nördlichste Provinz des ägyptischen Pharaonenreiches, und so kam es auch zwischen diesen beiden Mächten bald zu Kämpfen. Berühmt wurde die

Abb.149 Zwei Kultgefäße von Büyükkale, wahrscheinlich die Himmelsstiere Hurri und Scheri, Begleiter des Wettergottes Teschub (14. Jahrhundert v. Chr.)

Schlacht bei Kadesch am Orontes (nahe Homs in Syrien), in der sich um ca. 1274 v. Chr. die Heere des Großkönigs Muwattalli II. und des Pharao Ramses II. begegneten. Die Schlacht endete unentschieden, und zwischen den Ländern entwickelten sich Beziehungen, die einige Jahre später zu einem Friedensvertrag führten, der bis zum Ende des hethitischen Reiches gehalten hat (Im Gebäude der UNO in New York hängt eine vergrößerte Kopie einer Tontafel aus Hattuscha mit diesem Vertragstext als Beispiel für einen der ältesten internationalen Friedensverträge der Welt).

Unter Muwattalli II. verlor Hattuscha für kurze Zeit die Rolle der Hauptstadt. Er verlegte seine Residenz nach Tarhuntascha, einer Stadt im Südwesten, die noch nicht wiederentdeckt worden ist. Aber schon sein Nachfolger Murschili III. kehrte nach Hattuscha zurück, wurde jedoch bald von seinem Onkel Hattuschili III. abgesetzt. Unter diesem Großkönig und seinem Sohn Tudhaliya IV. erlebte die Stadt offensichtlich noch einmal eine Blüte. Viele der Baureste, die man heute hier sieht, stammen aus dieser Zeit. Anscheinend wurde besonders viel Energie in den Ausbau der Oberstadt gesteckt, jenes Bereiches südlich der Altstadt, der vermutlich schon im 14. Jahrhundert v. Chr. in das Stadtgebiet einbezogen worden war. Mit der Errichtung einer neuen, 3,3 km langen Befestigungsmauer über die südlich anschließenden Höhen war so das Stadtgebiet von 78 auf 180 Hektar vergrößert worden. In diesem Bereich entstanden

Abb.150 Doppelköpfige Entenfigur aus der Unterstadt von Hattuscha (14. Jahrhundert v. Chr.)

Abb.151 Bronzetafel mit dem Keilschrifttext eines Vertrags zwischen Großkönig Tudhaliya IV. von Hattuscha und König Kurunta von Tarhuntascha (2. Hälfte des 13. Jahrhunderts v.Chr.)

zahlreiche Großbauten, darunter viele Tempel, und daneben wurde auf der Königsburg ein kompletter Umbau vorgenommen. Hier wurde ein großer Palastkomplex mit kolonnadengesäumten Höfen, Wohn- und Magazinbauten und einer großen Audienzhalle errichtet. Die endgültige Ausgestaltung des Felsheiligtums von Yazılıkaya wird Tudhaliya IV. zugeschrieben. Hattuscha war nicht nur politische Hauptstadt, sondern auch das **Kultzentrum des Landes** – die Residenz der "tausend Götter des Hatti-Landes".

Abb.152
Elfenbeinfigur eines tanzenden (?) Gottes aus Tempel 7 (13. Jahrhundert v.Chr.)

Aber der Niedergang war nicht mehr fern: Leider haben die Hethiter kaum Texte zur Geschichte ihres Landes – abgesehen von der Geschichte der Herrscher – hinterlassen, aber aus dem Mosaik der Informationen läßt sich erkennen, daß Thronfolgestreitigkeiten, Mißernten und feindliche Angriffe den Staat schwächten. In Hattuscha wurden gegen Ende des 13. Jahrhunderts v. Chr. Maßnahmen ergriffen, die eine Zunahme der Bedrohung von Außen erkennen lassen: Zusätzliche Befestigungen und

Vormauern wurden errichtet, und die Getreidevorräte der Stadt wurden in einer separaten Zitadelle auf Büyükkaya eingelagert. Zahlreiche Tempel in der Oberstadt verfielen bereits, und zwischen den Ruinen entstand eine Ansiedlung von Menschen, die sich in den Schutz der Stadtmauern zurückgezogen zu haben scheinen.

Damit ging die Großreichszeit zu Ende, und mit ihr endete die Epoche der Bronzezeit in Zentralanatolien. Es war eine Zeit der Unruhe im gesamten Ostmittelmeerraum, bei der besonders die küstennahen Länder unter dem Ansturm von Piraten, den sogenannten Seevölkern, zu leiden hatten. Überall fanden Bevölkerungsverschiebungen statt, und in Zentralanatolien ergab sich kein Ersatz für die Reichsstruktur der Hethiter - die im Land verbliebene Bevölkerung kehrte in einen Zustand bäuerlicher, teilweise nomadischer Lebensweise zurück.

Das Ende der Hauptstadt Hattuscha

(um 1200/1180 v. Chr.)

Mit dem Niedergang des Großreichs verlor die Hauptstadt ihre Macht und damit auch ihre Rolle als politisches, wirtschaftliches und religiöses Zentrum. Offensichtlich wurde die Stadt nach und nach aufgegeben, und der letzte bekannte Großkönig Schupiluliuma II., Sohn von Tudhaliya IV., hat sicher nicht bis zum Ende in Hattuscha ausgeharrt. Vielleicht kam es erneut zu einer Verlegung der Residenz, und damit war das Schicksal der Stadt besiegelt.

Verschiedene Bauanlagen der späten Großreichszeit, darunter die königlichen Palastbauten, einige Tempel und Teile der Stadtbefestigung, zeigen Spuren von verheerenden Bränden. Sie sind sicher zum Teil auf feindliche Aktionen zurückzuführen, aber die Angreifer fanden eine weitgehend evakuierte Stadt vor, denn die Brandruinen sind fast völlig fundleer: Die Einwohner von Hattuscha hatten offensichtlich genug Zeit, ihr gesamtes Hab und Gut und auch die sicher nicht geringen Inventare der Tempel mitzunehmen. Zurück blieben nur Dinge, die wertlos oder nicht transportabel waren: Zur ersten Kategorie gehören die "Akten", d.h. die Keilschrifttafelarchive, für die kein Bedarf mehr bestand in dem sich auflösenden Staat; und zur zweiten Kategorie gehören z.B. die riesigen Vorratsgefäße, die in den Magazinen des Großen Tempels standen.

Bei der Frage, wer denn für das endgültige Aus der hethitischen Stadt verantwortlich gewesen ist, war man bis vor kurzem noch völlig auf Spekulationen angewiesen. Es fehlten nämlich jegliche Spuren von Eroberern, die die Stadt übernahmen und sich hier niederließen. Man vermutete daher, daß Kaschkäer, die unruhigen nördlichen Nachbarn der Hethiter, der sterbenden Stadt den Todesstoß gegeben haben. Erst 1996 wurde auf dem Bergrücken von Büyükkaya eine kleine Ansiedlung von Menschen, die sich hier nach dem Ende der Hauptstadt niederließen und die keine Hethiter waren, entdeckt. Mit ihnen beginnt die Geschichte der Eisenzeit am Ort.

Eisenzeit – Das "Dunkle Zeitalter" und die Zeit der Phryger und Perser

(ca. 1180–334 v. Chr.)

Der erste Abschnitt der Eisenzeit in Zentralanatolien wurde früher gern als "Dunkles Zeitalter" bezeichnet, da für etwa 300 Jahre nach dem Ende des hethitischen Reiches praktisch keine Besiedlung mehr nachzuweisen war. Inzwischen sind verschiedene Plätze aus diesem Zeitraum bekannt geworden, und dazu gehört

Abb.153 Bemaltes Gefäß der Mittleren Eisenzeit aus Alişar Höyük (8. Jahrhundert v. Chr.) mit stilisierten Ziegendarstellungen

auch die Siedlung von Büyükkaya im Nordosten des Stadtgebiets von Hattuscha/Boğazköy. Hier lebten Menschen, die vieles von dem vermissen lassen, was bei den Hethitern Allgemeingut gewesen war: So formten sie z.B. ihre Keramikgefäße weitgehend ohne die Hilfe der Töpferscheibe, die bei den Hethitern schon seit Jahrhunderten als Mittel zur Massenproduktion gedient hatte. Ihre primitiven Behausungen hatten mit der Architektur der Hethiter nichts gemein, und auch die Schrift war ihnen unbekannt. Ihre materielle Kultur läßt sich auf Vorläufer aus der Frühen und Mittleren Bronzezeit zurückführen – offensichtlich sind einheimische (nord-)anatolische Stämme nach dem Niedergang des Großreichs in das ehemalige hethitische Kerngebiet eingedrungen und haben das Land in Besitz genommen. Dabei kann es sich durchaus um die erwähnten Kaschkäer gehandelt haben. Nach Hattuscha kamen sie jedoch nicht als Eroberer, sondern eher als Besetzer einer Stadtruine, in der sicher noch viel Brauchbares zu finden war.

Die Besiedlung des "Dunklen Zeitalters", der Frühen Eisenzeit in Hattuscha, blieb nicht auf Büyükkaya beschränkt; Spuren fanden sich auch beim Haus am Hang in der Unterstadt, auf dem Plateau von Büyükkale und im Bereich von Tempel 7. Auf Büyükkaya entwickelte sich dann mit dem Beginn der Mittleren Eisenzeit im 9. Jahrhundert v. Chr. eine größere Ansiedlung, die den ganzen Berg einnahm. Im 8. Jahrhundert v. Chr. wurden zusätzlich Teile der Unterstadt und der Burgberg von Büyükkale besiedelt. Im frühen bis mittleren 7. Jahrhundert v. Chr. wurde auf Büyükkale eine Befestigungsanlage errichtet (Abb.154), und gleichzeitig wurden die Wohnbereiche in der Unterstadt stark reduziert. Auch Büyükkaya wurde verlassen. Möglicherweise ist dies eine Reaktion auf die Einfälle der Kimmerier aus den

Abb.154 Plan der Befestigung der Mittleren Eisenzeit (Periode I, 7.-6. Jahrhundert v. Chr.) auf Büyükkale (P.Neve)

Abb.155 Skulptur der Göttin Kybele vom Südosttor der eisenzeitlichen Befestigung auf Büyükkale

eurasischen Steppengebieten, die um 700/680 v. Chr. in Zentralanatolien einbrachen und das phrygische Reich des Königs Midas zu Fall brachten. Neben der Befestigung auf Büyükkale, die eine sehr dichte Bebauung zeigt, entstand auch die Südburg in der östlichen Oberstadt und eine Wohnbebauung im Bereich von Nişantaş und oberhalb der Ostteiche.

Diese mittel- und späteisenzeitliche Ansiedlung wird traditionell als **"phrygisch"** bezeichnet, weil es zahlreiche Übereinstimmungen gibt mit Fundorten im phrygischen Kerngebiet im westlichen Zentralanatolien. Das betrifft die Architektur ebenso wie die materielle Kultur, und auch der Kult der phrygischen Muttergöttin Kybele war hier vertreten. Eine sehr schöne Kybele-Skulptur wurde auf Büyükkale am Südosttor der Schicht Ia gefunden (Abb.155). Keramikscherben mit eingeritzten phrygischen Schriftzeichen sind ein weiterer Beleg für die Verbindung nach Westen, und auch einige Importstücke aus dem ostgriechischen Raum kamen ans Tageslicht. Offensichtlich hat der zentralanatolische und nordkappadokische Raum im Verlauf der Eisenzeit eine enge Beziehung zum westlichen Zentralanatolien entwickelt. Eine Einwanderung von größeren phrygischen Gruppen ist jedoch nicht wahrscheinlich. Leider ist der Name der eisenzeitlichen Siedlung nicht bekannt – es war jedenfalls sicher nicht Pteria, denn das ist inzwischen in Kerkenes Dağı, 40 km südöstlich von Hattuscha/Boğazköy, lokalisiert worden.

Im Jahr 585 v. Chr. fiel das zentralanatolische Gebiet östlich des Kızılırmak-Flusses (des antiken Halys) in die Hände der iranischen **Meder**, und später gehörte es dem persischen **Achämenidenreich** an. Auf die Entwicklung der Siedlung in Hattuscha/Boğazköy hat die "Perserzeit" anscheinend wenig Einfluß gehabt – man lebte in den gewohnten Traditionen weiter. Im 5. Jahrhundert v. Chr. verlor der Ort dann an Bedeutung, wurde aber wohl nicht ganz aufgegeben.

Hellenistisch/galatische und römisch/byzantinische Zeit

(ca. 334 v. Chr. – ca. 1071)

Der Zug Alexanders des Großen nach Asien markiert den Beginn der hellenistischen Zeit in Kleinasien. In Zentralanatolien hatte dies zunächst wenig Auswirkungen, aber in der ersten Hälfte des 3. Jahrhunderts v. Chr. ließen sich hier die aus Mitteleuropa eingewanderten keltischen **Galater** nieder. Der Ort Tavium bei Büyük Nefesköy, etwa 20 km südlich von Boğazköy, wurde zum Hauptort des Stamms der Trokmer, und sie nahmen auch das Gelände von Hattuscha/Boğazköy in Besitz. Auf dem Plateau von Büyükkale wurde erneut eine Befestigung gebaut, und im Bereich der Unterstadt lag eine dörfliche Ansiedlung. Typische bemalte galatische Keramik wurde hier ebenso gefunden wie Importgefäße aus dem Bereich der hellenistischen Zentren an der Westküste.

Im Jahr 25 v. Chr. geriet das Gebiet der Trokmer unter **römische Herrschaft.** Im 1. Jahrhundert n. Chr. bauten die Römer eine befestigte Straße von Tavium nach Norden (möglicherweise nach Amasya). Diese Straße verlief hinter dem Bergrücken im Westen von Hattuscha/Boğazköy und führte dann bei dem Dorf Evren/Teklias durch die Ebene des Budaközü Baches. Aus diesem und den folgenden Jahrhunderten gibt es im Bereich der Stadt an verschiedenen Stellen Bauruinen, Gräber und Spuren von Steinbruchtätigkeit.

Frühbyzantinische Reste sind wenig bekannt, aber in **mittelbyzantinischer Zeit im** 10.–11. Jahrhundert lag im Bereich der

Oberstadt, im Nordteil des hethitischen Tempelviertels, eine Dorfsiedlung (mehrere kleine Kirchen und ein großer Friedhof sowie verschiedene Gehöfte sind ausgegraben und teilweise restauriert worden). Die hethitische Felsanlage von Sarıkale ist in dieser Zeit umgebaut und mit einer Befestigungsmauer versehen worden und diente wohl als Sitz des Lokalherren. Aber auch in der Unterstadt sind byzantinische Reste vorhanden. Am auffälligsten ist hier die Apsis einer Kirche, die in den Felsen von Mihraplıkaya (= Fels mit der Gebetsnische) eingemeißelt worden ist (Hauptplan: Nr.36, Abb.157).

Die genaue Datierung der byzantinischen Besiedlung wird durch Münzfunde ermöglicht. Die jüngsten Münzen stammen aus dem späten 11. Jahrhundert und ergeben ein Datum für die Aufgabe der Siedlung. Es entspricht dem Datum der Schlacht von Malazgirt am Van-See im Jahr 1071, bei der die Byzantiner unter Kaiser Romanos IV. die Macht über weite Teile Anatoliens an den seldschukischen Sultan Alpaslan verloren.

Abb.156 Byzantinische Kirche in der Oberstadt

Abb.157 Mihraplıkaya in der Unterstadt: In den Fels geschlagene Apsis einer byzantinischen Kirche

Abb.158 Boğazkale

Die türkische Ansiedlung Boğazköy/Boğazkale

In den folgenden Jahrhunderten scheint das Gebiet weitgehend unbesiedelt geblieben zu sein. Im 16. Jahrhundert wurde eine Gruppe des Turkmenenclans der Dulkadiroğlu von Maraş in dieses Gebiet umgesiedelt. Man ließ sich zunächst in Yekbas 3 km nördlich von Hattuscha/Boğazköy nieder, aber Ende des 17. Jahrhunderts zog man um und errichtete einen Konak (Herrenhaus) und eine Siedlung am Fuß der ehemaligen hethitischen Hauptstadt. Der Ort hieß früher Boğazköy (=Schluchtdorf), wurde aber später in Boğazkale (=Schluchtburg) umbenannt und ist heute Zentrum eines Landkreises in der Provinz Çorum.

Abb.159 Das Ausgräberteam von Hattuscha

Die Ausgrabung

Eine archäologische Ausgrabung ist für viele Menschen gleichbedeutend mit Sysiphusarbeit. Tatsächlich braucht man viel Geduld, und oft sind auch feine Geräte wie Spatel und Pinsel, ja sogar manchmal Zahnarztbesteck im Einsatz. Aber das ist nicht der Alltag: Bei der Ausgrabung von Gebäuderuinen, Festungsmauern und Teichen ist meist auch viel Schutterde zu bewegen, die sich im Lauf der Jahrtausende angesammelt hat. Dabei kommen Hacken, Schaufeln und Schubkarren zum Einsatz. Beim Graben, aber auch beim Vermessen, Zeichnen und Restaurieren sind die Männer von Boğazkale unermüdlich im Einsatz. Manche sind schon in der dritten oder vierten Generation bei der Ausgrabung tätig, und mit ihrer Erfahrung leisten sie einen wesentlichen Beitrag zur Erforschung der Vergangenheit dieser Landschaft.

Die Entdeckung und Ausgrabung von Hattuscha/Boğazköy

1834	Am 28. Juli entdeckt Charles Texier die Ruinen von Hattuscha. Neben einem groben Stadtplan zeichnet er einige Ruinen und die Reliefs von Yazılıkaya. Er glaubt, die medische Stadt Pteria gefunden zu haben.
1836	William J. Hamilton kommt für einen Tag nach Hattuscha und fertigt Zeichnungen an, u.a. einen Plan von Tempel 1. Er hält die Ruinen für die Reste der galatisch/römischen Stadt Tavium.
1858	Heinrich Barth und Andreas D. Mordtmann d.Ä. zeichnen ebenfalls die Ruinen von Tempel 1 und lassen in Yazılıkaya die Reliefs in der kleinen Kammer B freigraben.
1861	Georges Perrot, Edmont Guillaume und Jules Delbet erstellen genauere Zeichnungen der Reliefs von Yazılıkaya und publizieren die ersten Photographien von Yazılıkaya, Yenicekale und der Inschrift von Nişantaş.
1864	Henry J. van Lennep fertigt erneut Zeichnungen von Yazılıkaya an.
1882	Karl Humann nimmt einen topographischen Plan auf und läßt Gipsabgüsse von zahlreichen Reliefs in Yazılıkaya herstellen.
1893-94	Ernest Chantre zieht Suchgräben im Großen Tempel, auf Büyükkale und in Yazılıkaya. Er publiziert die ersten Keilschrifttafeln aus Hattuscha.
1906	Hugo Winckler und Theodor Makridi führen Grabungen auf Büyükkale und Sondagen an verschiedenen anderen Orten durch. 2500 Keilschrifttafelfragmente werden geborgen und mit ihnen die Erkenntnis, daß dies die hethitische Hauptstadt Hattuscha war.

1907 Erste Grabung des Deutschen Archäologischen Instituts und der Deutschen Orientgesellschaft: Neben Winckler und Makridi arbeitet eine Gruppe unter der Leitung von Otto Puchstein. Eine erste vollständige Dokumentation der Ruinen mit zahlreichen Plänen und Photos sowie eine genauere topographische Karte des Geländes wird erstellt.

1911-12 Kürzere Grabungen von Winckler und Makridi.

1915 Anhand der Keilschrifttafeln aus Hattuscha/ Boğazköy gelingt Bedrich Hrozny die Entschlüsselung der hethitischen Sprache.

1931-39 und 1952 bis heute

Grabungen des Deutschen Archäologischen Instituts, über viele Jahre mit Beteiligung der Deutschen Orientgesellschaft, unter der Leitung von Kurt Bittel (bis 1977), Peter Neve (bis 1993) und Jürgen Seeher: Fast vollständige Freilegung der Ruinen der hethitischen Königsburg auf Büyükkale; großflächige Untersuchungen im Bereich der Wohnsiedlung in der Unterstadt, im Großen Tempel, im Tempelviertel und den anschließenden Bereichen in der Oberstadt sowie auf dem Höhenrücken von Büyükkaya. Daneben kleinere Grabungen an verschiedenen Plätzen im Stadtgebiet und im Vorland sowie im Felsheiligtum von Yazılıkaya.

Danksagung

Dieser Führer ist ein Gemeinschaftswerk: Uğurhan Betin fertigte die meisten Rekonstruktionszeichnungen an. Seine Zeichnungen Abb.15 und 125 sowie die Karte Abb.145 wurden von ATLAS Dergisi zur Verfügung gestellt. Ulf Schoop steuerte die Zeichnungen Abb.4 und S.25 bei. Die Planausschnitte basieren auf dem topographischen Plan von Hans P. Birk (= Hauptplan Abb.160 am Ende des Führers). Die Photos stammen aus dem Boğazköy Archiv; die meisten wurden von Dieter Johannes und vor allem von Murat Can aufgenommen. Peter Oszvald stellte die Abbildungen 6, 7, 45, 69, 76, 88 und 112 zur Verfügung. Hakan Öge schoß die Luftaufnahme Abb.50 während eines wagemutigen Flugs mit einem motorisierten Gleitschirm. Einige Fundabbildungen wurden aus folgenden Publikationen übernommen: Abb.58, 149, 150 – K.Bittel, Die Hethiter (C.H. Beck,1976); Abb.152 – P. Neve, Hattusa, Stadt der Götter und Tempel (Ph. von Zabern, 1996); Abb.153 – Ausstellungskatalog Tokio: Land of Civilizations, Turkey (1985). Die englische Übersetzung lieferte Jean D. Carpenter-Efe, die türkische Übersetzung Ümit Öztürk und Ayşe Baykal-Seeher, die auch sonst in vielfacher Weise mitgewirkt hat.

Der Druck des Führers wurde durch private Spenden ermöglicht, darunter von Margo T. Tytus, Martha W. Jones, Sara W. Headley, Patricia P. Whitaker, Ayşe S. Gonzales und Nurettin Siago. Ahmet Boratav, Hülya Tokmak und Ayşe Orhun vom Verlag Ege Yayınları ist es gelungen, dieses Buch in kurzer Zeit und in hoher Qualität fertigzustellen.

Ihnen allen möchte ich an dieser Stelle meinen Dank aussprechen für die Hilfe, die sie diesem Projekt - und damit der Verbreitung der Kenntnis über Hattuscha und die Hethiter - geleistet haben.

Ausgewählte Bibliographie

Die hier aufgeführten Werke bilden nur eine kleine Auswahl für interessierte Besucher. Sie enthalten jeweils ausführliche Bibliographien, die den Zugang zu weiteren Veröffentlichungen bieten.

Hattuscha

Bittel, K. *Hattuscha. Hauptstadt der Hethiter* (DuMont, Köln 1983)

Bittel, K. *Hattusha. The Capital of the Hittites* (Oxford University Press, New York 1970)

Neve, P. *Hattuscha - Information* (Arkeoloji ve Sanat Yayınları, İstanbul 1985)

Neve, P. *Ḫattuša – Stadt der Götter und Tempel* (Philipp von Zabern, Mainz 1996)

Hethiter und Geschichte Anatoliens

Akurgal, E. *Hatti ve Hitit Uygarlıkları* (Yaşar Eğitim ve Kültür Vakfı, Izmir 1995)

Akurgal, E. *Anadolu Kültür Tarihi* (TÜBİTAK Popüler Bilim Kitapları, Ankara 1998)

Alp, S. *Hitit Çağında Anadolu* (TÜBİTAK Popüler Bilim Kitapları, Ankara 2001)

Bittel, K. *Die Hethiter* (Beck, München 1976)

Bittel, K. *Les Hittites* (Gallimard, Paris 1976)

Bittel, K. *Gli Ittiti* (Rizzoli, Milano 1983)

Brandau, B. - H. Schickert *Hethiter. Die unbekannte Weltmacht* (Piper, München 2001)

Bryce, T. *The Kingdom of the Hittites* (Clarendon Press, Oxford 1998)

Darga, M. *Hitit Sanatı* (Akbank Yayınları, Istanbul 1992)

Imparati, F. *La civiltà degli Ittiti. Caratteri e problemi,* in: Bucci, O. (ed.), Antichi popoli indoeuropei (Roma 1993) 367-456.

Klengel, H. *Geschichte des hethitischen Reiches* (Leiden-Boston-Köln 1999)

Klock - Fontanille, I. *Les Hittites* (Presses Universitaires de France 1998)

Lloyd, S. *Ancient Turkey: A Traveller's History of Anatolia* (Univ of California Press 1989)

Lloyd, S. *Türkiye'nin Tarihi: Bir Gezginin Gözüyle Anadolu Uygarlıkları* (TÜBITAK Popüler Bilim Kitapları, Ankara 1997)

MacQueen, J.G. *The Hittites and their Contemporaries in Asia Minor* (Thames &Hudson, London 1996)

MacQueen, J.G. *Gli Ittiti, un Impero sugli Altipiani* (Roma 1990)

Masson, E.u.a. *Les Hittites.* "Les dossiers d'archéologie", N. 193, Mai 1994 (Editions Faton, Dijon).

Time-Life *Anatolia: Cauldron of Cultures* (1995)

Time-Life *L'Anatolie: Un Creuset Culturel* (1996)

Time-Life *Anatolien: Schmelztiegel alter Kulturen* (1996)

Besuchen Sie die Hattuscha-Homepage
www.hattusa.org
(dort auch links zu interessanten Seiten)

Informationen über das Deutsche Archäologische Institut
finden Sie im Internet unter der Adresse
www.dainst.de

und über die Ausgrabung von Hattuscha unter
www.dainst.de/de/pro/hattuscha.html

auch lieferbar

HATTUSCHA Führer "Ein Tag in der Hethitischen Hauptstadt"
Jürgen Seeher, (2. Ed., 2002)

HATTUSHA Guide "A Day in the Hittite Capital"
Jürgen Seeher, (2. Ed, 2002)

PRIENE, Führer Durch das "Pompeji Kleinasiens"
Frank Rumscheid (1998)

PRIENE, A Guide to the "Pompeii of Asia Minor"
Frank Rumscheid (1998)

Führer durch TROİA
M. Korfmann, (3. Ed., 2001)

Guide to TROİA
M. Korfmann, (3. Ed., 2001)

EPHESUS "The New Guide"
(2000)

Converted Byzantine Churches in Istanbul
"Their Transformation into Mosques and Masjids"
Süleyman Kırımtayıf (2001)

SİNAN, An Interpretation
Hans G. Egli (1997)

Verkauf und Vertrieb

Ege Yayınları
Aslan Yatağı Sokak, Sedef Palas Apt. No.35/2 Cihangir
80060 İstanbul - Türkiye
Tel. (0 212) 249 0520 Fax: (0 212) 249 0520
e.mail: aboratav@tayproject.org

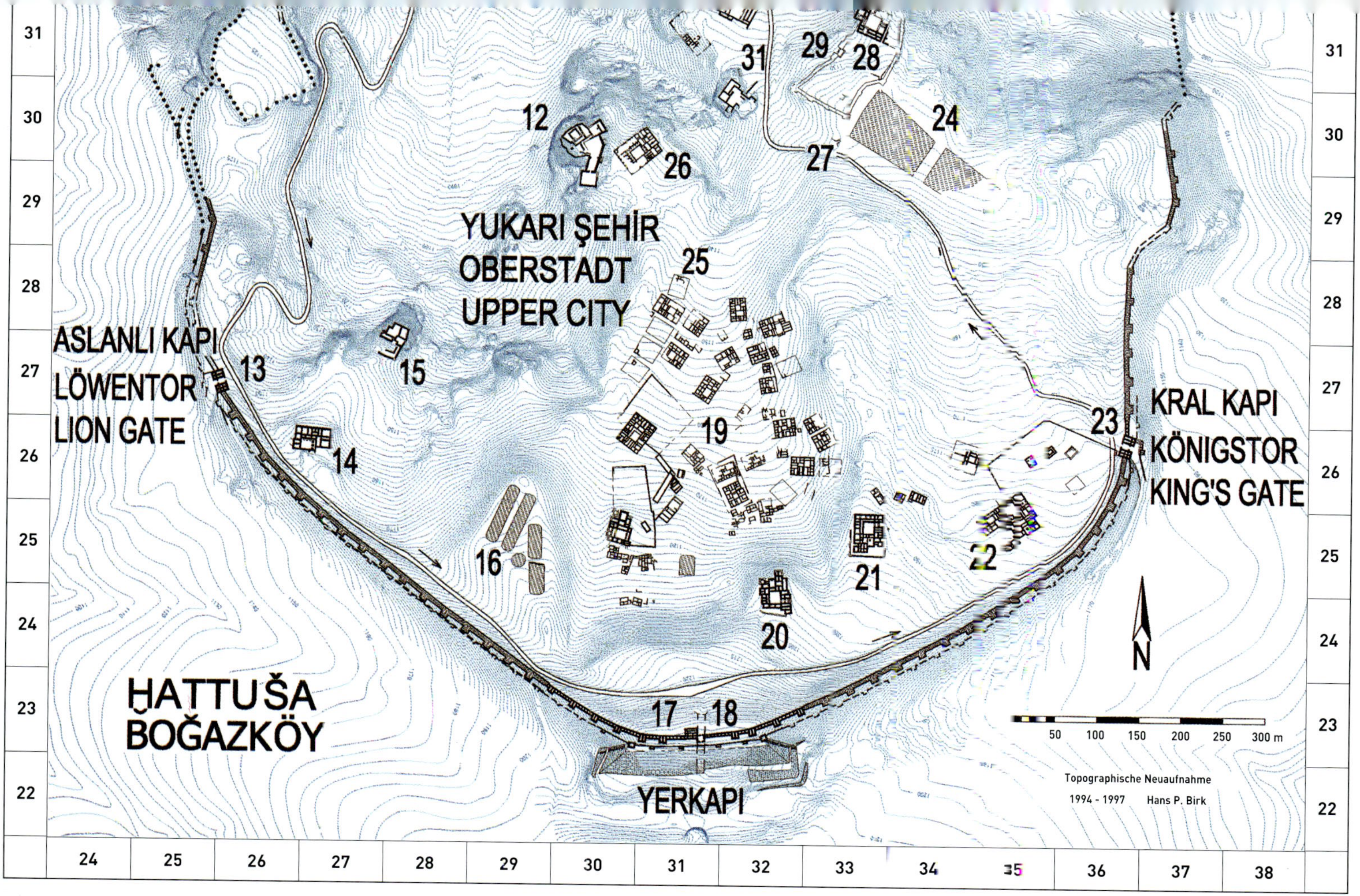
ḪATTUŠA
BOĞAZKÖY
ASLANLI KAPI
LÖWENTOR
LION GATE
YUKARI ŞEHİR
OBERSTADT
UPPER CITY
KRAL KAPI
KÖNIGSTOR
KING'S GATE
YERKAPI
12
13
14
15
16
17
18
19
20
21
22
23
24
25
26
27
28
29
31
N
50 100 150 200 250 300 m
Topographische Neuaufnahme
1994 - 1997 Hans P. Birk